国学百部经典丛书

# 周易

王辉◎编译

陕西新华出版 三秦出版社

图书在版编目（CIP）数据

周易 / 王辉编译. -- 西安 : 三秦出版社，2008.01（2024.1重印）
（国学百部经典丛书）
ISBN 978-7-80546-633-0

Ⅰ. ①周… Ⅱ. ①王… Ⅲ. ①周易—注释②周易—译文 Ⅳ. ①B221

中国版本图书馆CIP数据核字(2007)第188794号

书　　名　周　易
作　　者　王辉 编译
责　　编　贾　云
封面设计　新华智品

---

出版发行　三秦出版社
社　　址　西安市雁塔区曲江新区登高路1388号
电　　话　（029）81205236
邮政编码　710061
印　　刷　北京一鑫印务有限责任公司
开　　本　680×1020　1/16
印　　张　9
字　　数　120千字
版　　次　2008年4月第2版
印　　次　2024年1月第2次印刷
标准书号　ISBN 978-7-80546-633-0

---

定　　价　39.80元
网　　址　http://www.sqcbs.cn

# 前　言

《周易》为儒家重要经典之一，是我国最古老、最有权威、最著名的一部经典，是中华民族聪明智慧的结晶，简称《易》，又称《易经》，包括经和传两部分。《周易》经部本是筮占书，其文字部分是对易卦象征意义的解说和人事吉凶的判定，而传部包括对“经”的理解和对《周易》文辞的发挥等内容。春秋时代，《周易》作为占筮书流行于世，不断有人对它进行解释和研究，其中包括孔子为《易经》作传。

《周易》一书作为中国早熟的思想文化体系，在中国传统思想文化中占有非常重要的地位，被称为“六经之首”。《周易》研究的对象是天、地、人三才，而以人为根本。三才又各具阴阳，所以《周易》六爻而成六十四卦。正如《说卦》：“立天之道曰阴与阳，立地之道曰柔与刚，立人之道曰仁与义。兼三才而两之，故《易》六画而成卦。分阴分阳，迭用刚柔，故《易》六位而成章。”《易经》里有六十四卦的符号及卦名，还有卦辞与爻辞。据说《易经》成于西周初年，是用以取代龟卜的占筮之书。《易传》相传出于孔子，今见通行本《易传》有《彖》、《象》、《系辞》、《文言》、《说卦》、《序卦》和《杂卦》七篇。古人分前三篇各为“上”与“下”两篇，于是共成十篇，也称作“十翼”，意思是辅翼于《易经》的解说文字。后来《易传》被编入《易经》，就成了我们今天所见到的《周易》。

《周易》是群经之首，是经典中之经典，哲学中之哲学，谋略中之谋略。从《周易》中，哲学家看到辩证思维，史学家看到历史兴衰，政治家看到治世方略，军事家可参悟兵法，企业家亦可从中找到经营的方法，同样，芸芸众生也可将其视为为人处世、提高修养的不二法宝。

编　者

2008 年 1 月

# 目　录

## 上　经

## 下　经

# 上　经

## 乾卦第一

䷀ 乾下　乾上

【易德精要】

本篇综括全书，论述了事物的发展过程和变化规律，卦象以六十四卦的纯阳之数☰表天。其用为乾，乾的含义是健，而天在古代指的是太阳，太阳运转不息，永放光芒，其特征与“健”正好吻合。《象》曰：“天行健。”言天道刚健运行不息也。《易经》六十四卦,《乾卦》排在第一，说明《易经》强调阳刚力量在决定事物发展的矛盾中居于主要地位。爻辞则以龙为喻，象征天道变幻莫测及蕴藏着无穷的潜力。《乾卦》里有相当进步的思想，即“先天而天弗违，后天而奉天时”，要有所作为，是指在自然或社会现象中发现好的苗头就大力倡导，不好的就适时制止，符合客观规律要求，即按客观规律办事。这种思想时至当前仍值得提倡。

【原文】

**乾：元亨、利贞。**

**《彖》曰：大哉乾元，万物资始，乃统天。云行雨施，品物流形。大明终始，六位时成，时乘六龙以御天。乾道变化，各正性命。保合大和，乃利贞。首出庶物，万国咸宁。**

**《象》曰：天行健，君子以自强不息。**

【译文】

《乾卦》：象征天的纯阳至健的性质，特点是元始、发展、成熟和收藏。

《彖传》说：伟大啊！上天的开创之功。万物靠它滋生，大自然由它统率。云飘雨降，万物繁殖，赋予形体。太阳落而复升,《乾卦》的六爻也因时不同，六爻就像六条龙一样，其变化发展均反映了自然变化发展，其所以有不同乃是因为所处的位置不同，机遇不同，故应依时而动，把握时机。万事万物的发展应符合大自然变化的规律，要安于自己应有的位置，保持阴阳会合之元气，这样才能顺利成长。天的功德超出万种物类，给万国带来普遍的康宁。

《象传》说：天道刚健，运行周而复始，永不止息。君子应效法天道，自强不息。

【原文】

**初九：潜龙勿用。《象》曰：潜龙勿用，阳在下也。**

**九二：见龙在田，利见大人。《象》曰：见龙在田，德普施也。**

**九三：君子终日乾乾，夕惕若，厉，无咎。《象》曰：终日乾乾，反复道也。**

**九四：或跃在渊，无咎。《象》曰：或跃在渊，进无咎也。**

**九五：飞龙在天，利见大人。《象》曰：飞龙在天，大人造也。**

**上九：亢龙有悔。《象》曰：亢龙有悔，盈不可久也。**

**用九：见群龙无首，吉。《象》曰：用九天德，不可为首也。**

【译文】

初九：龙潜伏在水底，养精蓄锐，暂时还不能有所作为。《象传》说：龙潜伏在水中，养精蓄锐，暂时还不能有所作为。这是因为此爻位置最低，阳气不能散发出来。

九二：龙出现在大地上，有利于会见王公贵族。《象传》说：龙已出现在大地上，犹如阳光普照，天下人普遍得到恩惠。

九三：君子整天勤奋努力，夜晚随时警惕着，这样即使遇到危险，但终究没有灾难。《象传》说：整天自强不息，是因为要反复行道，不敢有丝毫大意。

九四：龙或腾跃而起，或退居于深渊，均没有灾难。《象传》说：龙或腾跃而起，或退居于深渊，表示可以有所作为而没有灾难。

九五：龙飞上了高空，有利于会见王公贵族。《象传》说：龙飞上了高空，意味着君子一定会有所作为。

上九：龙飞到了极限的地方，会有灾祸之困。《象传》说：龙飞到了极限的地方，会有灾祸之困，因为物极必反，居高盈满是不可能长久保持的。

用九：出现群龙谁也不愿为首的现象，是很吉利的。《象传》说：六爻全阳，纯阳纯刚正是天道之性，至高无上，不可能再有别的首领。

【原文】

**《文言》曰：元者，善之长也。亨者，嘉之会也。利者，义之和也。贞者，事之干也。君子体仁足以长人，嘉会足以合礼，利物足以和义，贞固足以干事。君子行此四德者，故曰："乾：元、亨、利、贞。"**

【译文】

《文言》说：元，是众善的首领。亨，是众美的荟萃。利，是仁义之聚合。贞，是事业成功的根本。君子以仁作为立身处事的根本，则可以号召众人；待人以礼，则具备美好的秉性；施利于人，则符合道义；办事机智，则可以成就事业。君子若能具备以上四种美德，就是达到了如《乾卦》所说的"元、亨、利、贞"。

【原文】

**初九曰："潜龙勿用。"何谓也？子曰："龙，德而隐者也。不易乎世，不成乎名，遁世无闷，不见是而无闷。乐则行之，忧则违之，确乎其不可拔，潜龙也。"**

【译文】

初九的爻辞说："龙潜伏在水中，养精蓄锐，暂时还不能发挥作用。"说的是什么意思呢？孔子说："龙是比喻具有高尚品德却隐居起来的君子。这些人不因世俗的成见而改变志向，不计较功名，隐居起来不感到苦闷，不被人了解也不感到苦闷。符合心意的事坚决去做，违心的事坚决不做，任凭什么力量也不能动摇，这就是所谓的潜伏在水中的龙。"

【原文】

九二曰："见龙在田，利见大人。"何谓也？子曰："龙，德而正中者也。庸言之信，庸行之谨，闲邪存其诚，善世而不伐，德博而化。《易》曰：'见龙在田，利见大人。'君德也。"

【译文】

九二的爻辞说："龙已出现在大地上，有利于会见王公贵族。"说的是什么意思呢？孔子说："这是指具有龙一样的品德，立身正义中和的君子，日常言论讲究诚信，日常行为讲究谨慎，能防止外界影响而保持诚信，做了好事从来不自夸，各种美好的德行能够使天下感化。《周易》该爻辞所说的'龙已出现在大地上，有利于会见王公贵族。'是指将会出现具备了君主美德的贤者。"

【原文】

九三曰："君子终日乾乾，夕惕若，厉，无咎。"何谓也？子曰："君子进德修业。忠信，所以进德也。修辞立其诚，所以居业也。知至至之，可与言几也。知终终之，可与存义也。是故居上位而不骄，在下位而不忧。故乾乾因其时而惕，虽危无咎矣。"

【译文】

九三的爻辞说："君子整天勤奋努力，晚上也随时警惕着，这样即使遇到危险，但终究没有灾难。"说的是什么意思呢？孔子说："这是说君子应讲究品德，增进学业。以忠信来培养品德，以人心如一的言辞来建立诚信，这是操持事业的根本。知道事业可以发展就发展它，便可以见微而知著。知道事业应该终止而及时终止，便可以保持行为的道义。这样才能做到身居高位不骄傲，身居底层不忧愁。这也就是此卦爻辞所说的，整天勤奋努力，时刻警惕，即使遇到危险，但终究没有灾难。"

【原文】

九四曰："或跃在渊，无咎。"何谓也？子曰："上下无常，非为邪也。进退无恒，非离群也。君子进德修业，欲及时也。故无咎。”

【译文】

九四的爻辞说：“龙或腾跃而起，或退居于深渊，均没有灾难。”说的是什么意思呢？孔子说：“上下的变化并没有一定的规律，并不是什么行为邪恶的缘故。进退并不是恒定的，也要依形势而定，并不是喜爱离群索居的缘故。君子讲究品德，增进学业都要审时度势，只要能因势而行，那么必然不会有灾难的了。”

【原文】

九五曰：“飞龙在天，利见大人。”何谓也？子曰：“同声相应，同气相求。水流湿，火就燥。云从龙，风从虎。圣人作而万物睹。本乎天者亲上，本乎地者亲下。则各从其类也。”

【译文】

九五的爻辞说：“龙飞上了高空，有利于会见王公贵族。”说的是什么意思呢？孔子说：“同类之声相呼应，同样之气相聚合。水流向湿处，火烧向干处。云随龙而出，风从虎而现。圣人一旦出现，万民敬仰。这些都是因为高者亲近于天，低者亲近于地，即人以类聚，物以群分的道理。”

【原文】

上九曰：“亢龙有悔。”何谓也？子曰：“贵而无位，高而无民，贤人在下位而无辅，是以动而有悔也。”

【译文】

上九的爻辞说：“龙飞到了极限的地方，会有灾祸之困。”说的是什么意思呢？孔子说：“这好比陷入那种受尊崇但无实权，高高在上但不理民事，虽为贤人但地位低下，因此无人辅佐的境况，因而一旦有所举动则必招祸殃。”

【原文】

“潜龙勿用”，下也。“见龙在田”，时舍也。“终日乾乾”，行事也。“或跃在渊”，自试也。“飞龙在天”，上治也。“亢龙有悔”，穷之灾也。乾元“用九”，天下治也。

【译文】

“龙潜伏在水中，养精蓄锐，暂时还不能发挥作用”，是因为地位低下。“龙已出现在大地上”，是说明暂时隐伏而等待时机。“整天勤奋努力”，是说君子修身养性、自强不息。“龙腾跃而起，或退居于深渊”，是说君子投身社会自我考验。“龙飞上了高空”，是说君子获得治国的地位。“龙飞到了极限的地方，将会有灾殃”，是说物极必反，事业将由盛转衰。乾元“用九”这一爻，说明天下必将大治。

【原文】

“潜龙勿用”，阳气潜藏。“见龙在田”，天下文明。“终日乾乾”，与时偕行。“或跃在渊”，乾道乃革。“飞龙在天”，乃位乎天德。“亢龙有悔”，与时偕极。乾元“用九”，乃见天则。

【译文】

“龙潜伏在水中，养精蓄锐，暂时还不能发挥作用”，是因为这时阳气潜藏。“龙已出现在大地上”，说明阳气出现，万物生长，风光明媚。“整天勤奋努力”，说明要万物蓬勃，与时俱进。“龙或腾跃而起，或退居于深渊”，是说处于变革之时，天道要发生变化。“龙飞上了高空”，说明天的功德已经圆满完成。“龙飞到了极限的地方，将会有灾殃”，说明物极必反，阳气将由盛转衰，终将走向反面。乾元“用九”的爻辞，是说明天道循环，是自然的法则。

【原文】

乾元者，始而亨者也，利贞者，性情也。乾始能以美利利天下，不言所利，大矣哉！大哉乾乎！刚健中正，纯粹精也。六爻发挥，旁通情也。时乘六龙，以御天也。云行雨施，天下平也。

【译文】

《乾卦》的卦辞：元、亨，是说天具有生成万物，和谐之美。利、贞，是说天具有恩惠之情，永恒之性。天给普天下带来恩惠，而不居功自傲，伟大呀！伟大的天！刚强稳健中正，品德纯粹至极。六爻发挥作用，广通天道、地道、人道的情状。乾德按时乘着六龙驾的车子巡行天上。风调雨顺，天下太平。

【原文】

君子以成德为行，日可见之行也。“潜”之为言也。隐而未见，行而未成，是以君子弗用也。

【译文】

君子将自己的道德修养得完美无缺作为行动的目的，每天都将有所成就。初九爻辞之所以讲“潜龙勿用”，是指君子尚处于隐居状态，尚未开始行动，所以其才能尚未表现出来。

【原文】

君子学以聚之，问以辩之，宽以居之，仁以行之。《易》曰：“见龙在田，利见大人。”君德也。

【译文】

君子应通过学习来积累知识，通过诘问来辨明是非，用宽容来存心，用仁义来行事。

《周易·乾卦》九二的爻辞说：“龙已出现在大地上，有利于会见王公贵族。”是指具备了上述四德的大人物则可以为君。

【原文】

九三重刚而不中，上不在天，下不在田，故乾乾因其时而惕，虽危无咎矣。

【译文】

九三爻由多重阳爻组成，刚则有余，但位置却未居中，既没有占据天位，也没有占据地位，所以应自强不息且时时刻刻保持警惕，这样虽遇危险，但终究没有灾难。

【原文】

**九四重刚而不中，上不在天，下不在田，中不在人，故“或”之。或之者，疑之也，故无咎。**

【译文】

九四爻由多重阳爻组成，刚则有余，但位置却未居中，既没有占据天位，又没有占据地位，也没有占据人位，所以爻辞用“或者”二字，“或者”，就是多方置疑，审时度势，所以没有灾难。

【原文】

**夫“大人”者，与天地合其德，与日月合其明，与四时合其序，与鬼神合其吉凶；先天而天弗违，后天而奉天时。天且弗违，而况于人乎？况于鬼神乎？**

【译文】

九五爻辞中所说的“大人”，其道德犹如天地那样高大，其明智犹如日月，其行事符合四时的规律，其预料吉凶像鬼神一样准确。他从事前所未有的事业也不违背天道，顺应事物发展去做工作，则自然合乎客观规律。这样的人行事，天尚且不违背其意志，何况人呢？更何况鬼神呢？

【原文】

**“亢”之为言也，知进而不知退，知存而不知亡，知得而不知丧。其唯圣人乎！知进退存亡而不失其正者，其唯圣人乎！**

【译文】

上九爻辞所提到的“亢龙”，是用来比喻只知前进而不知后退、只知生存而不知灭亡、只知得到而不知失落的人。大概只有圣人才能不偏不倚吧！懂得进退、存亡、得失的道理，行为又端正，大概只有圣人才能做到吧！

# 坤卦第二

☷　坤下　坤上

【易德精要】

坤卦指地，与乾卦相对，因乾卦指天；乾是刚健，阳气十足；坤与乾相对，指阴柔。乾用龙做象征物，坤则取雌马代阴气。阳是万物之始，阴则促进万物生长。阴阳两极，相辅相成，共同推动事物的发展。地道秉承天道，所以没有自主性，须听命于乾阳。阳主阴从，是《易经》的理论基石。坤卦教人尽行地道，所谓地道，即指虽不能脱离天道恣意独行，但始终能尽力把事情做好，且不居功自傲。阴阳相争，则会两败俱伤。

坤为地，所以有大地正直、端正、广阔的特点，爻象正直、端正。同时此卦说明万物发展有其内在规律，遇事要谨慎，顺从自然规律。

【原文】

**坤：元亨。利牝马之贞。君子有攸往，先迷后得主，利。西南得朋，东北丧朋。安贞吉。**

**《彖》曰：至哉坤元，万物资生，乃顺承天。坤厚载物，德合无疆。含弘光大，品物咸亨。牝马地类，行地无疆，柔顺利贞。君子攸行，先迷失道，后顺得常。西南得朋，乃与类行。东北丧朋，乃终有庆。安贞之吉，应地无疆。**

**《象》曰：地势坤。君子以厚德载物。**

【译文】

《坤卦》：元始，亨通。占问雌马得到吉兆。君子前往。虽然开始时迷失路途，结果还是找到主人，吉利。如往西南方，则会得到朋友。如往东北方，则会失去朋友。卜问安居，得到吉兆。

《彖传》说：崇高啊，大地的开创之功！世间的万事万物靠它滋生，柔顺地遵守着天道法则。深厚的土地孕育了万物，大地的美德广大无垠。大地蕴藏深厚，广大无边，万物茁壮成长。雌马阴性，与地同类，善于在大地上任意驰骋，性情柔顺、行动迅速、执着。君要有所作为而出行，虽然刚开始迷失了方向，但最终总能顺利找到正路。如果往西南方，会得到朋友的帮助，一同建功立业。如果往东北方，则可能失去朋友的帮助，但最终还是能够成功。安于正道得到吉祥。正如大地随处伸展、无穷无尽一样。

《象传》说：大地地势至顺极厚而顺承天道。君子应效法大地，以深厚的德行来包容万物。

【原文】

**初六：履霜，坚冰至。《象》曰：履霜坚冰，阴始凝也。驯致其道，至坚冰也。**

**六二：直、方、大；不习，无不利。《象》曰：六二之动，直以方也。不习，无不利，地道光也。**

**六三：含章，可贞。或从王事，无成有终。《象》曰：含章可贞，以时发也。或从王事，知光大也。**

**六四：括囊，无咎无誉。《象》曰：括囊无咎，慎不害也。**

**六五：黄裳，元吉。《象》曰：黄裳元吉，文在中也。**

**上六：龙战于野，其血玄黄。《象》曰：龙战于野，其道穷也。**

**用六：利永贞。《象》曰：用六永贞，以大终也。**

【译文】

初六：踩到薄霜，预示即将形成厚冰。《象传》说：踩到薄霜，预示即将形成厚冰。说明阴气开始凝聚。按照这种自然规律发展下去，离冬季不远了。

六二：正直，端正，广阔是大地的特点，即使前往自己不熟悉的地方也不会有什么不利。《象传》说：六二的爻象是正直且端正的。即使前往自己不熟悉的地方，也不会有什么不利，这是地德广大，包容万物的缘故。

六三：怀才不露，则可得到称心的占卜。如果参与作战，能恪尽职守，虽然没有战绩，但也有好的结局。《象传》说：胸怀才华而不显露是要把握时机才发挥。如果从事战斗，必能运用才智而大显身手。

六四：扎紧袋口，不说也不动，可免遭祸患，但也得不到称赞。《象传》说：扎紧袋口，不说也不动，可以免遭祸患，说明小心谨慎，才不会有祸害。

六五：黄色的衣服，最为吉祥。《象传》说：黄色的衣服，最为吉祥，是因为黄色的衣服代表人们内在的美德。

上六：两条龙在野外打斗，血流遍野。《象传》说：两条龙在野外打斗，说明人已经走到尽头了。

用六：有利于永久的占问。《象传》说：用六的爻辞说有利于永远保持中正，即是指阴盛到了极点就会终结。

【原文】

《文言》曰：坤至柔而动也刚，至静而德方，后得主而有常，含万物而化光。坤道其顺乎。承天而时行。

【译文】

《文言》说：大地的本性是柔顺，但行动起来却刚强有力，其形态虽然宁静，但道德却是方正的，它虽然形成得比天道晚但却遵循常理。包容万物且不断生长壮大，地道真是柔顺啊！因为它是按照天道的规律变化的。

【原文】

积善之家，必有余庆；积不善之家，必有余殃。臣弑其君，子弑其父，非一朝一夕之故，其所由来渐矣。由辩之不早辩也。

【译文】

行善积德的人家，必定会带来吉祥；为非作歹的人家，必定会招致祸殃。臣子杀其君主，儿子杀其父亲，这些都不是一朝一夕所能出现的，而是日积月累逐渐形成的恶念的爆发！关键是要及早洞察是非祸福。

【原文】

《易》曰："履霜，坚冰至。"盖言顺也。直其正也，方其义也。君子敬以直内，义以方外，敬义立而德不孤。"直、方、大、不习，无不利"，则不疑其所行也。

【译文】

《周易·坤卦》初六的爻辞说："踩到薄霜，预示即将形成坚冰。"大概是事物的发展必然遵循的规律。直是内心品德的正直，方是行为规范的道义，君子恭言慎行以此矫正思想上的偏差，用道义的原则来纠正错误的行为。这样做会带动他人，高尚的道德就会传布开来而不再孤立。"君子具备正直、端正、广大这样的品质，即使不为人们所了解也不会有什么不利"，是说表里如一、品行端正的君子，不管干什么都不必置疑。

【原文】

阴虽有美，含之，以从王事，弗敢成也。地道也，妻道也，臣道也。地道无成而代有终也。

【译文】

阴虽有美德，但宜深藏含隐，应只是竭尽自己的才能去辅佐君主，不居功自傲，这就是为地之道，为妻之道，为臣之道，所谓地道。即指其虽不能脱离天道独自运作，但始终却能尽力地把事业妥善完成，而并不居功自傲。

【原文】

天地变化，草木蕃。天地闭，贤人隐。《易》曰："括囊，无咎无誉。"盖言谨也。

【译文】

天地依时而变化，则草木生长茂盛；天地昏暗闭塞，贤人就会退隐。《周易·坤卦》六四爻辞说："扎紧袋口，不说也不动，这样免遭祸患，也得不到称赞。"大概就是说要谨慎从事吧。

【原文】

君子黄中通理，正位居体，美在其中，而畅于四支，发于事业，美之至也。

【译文】

君子品德高尚，通晓义理，安守本分，严守礼义，美德蕴于全身，若以此用于治国，则可以达到至高的境界。

【原文】

阴凝于阳，必战，为其嫌于无阳也，故称龙焉。犹未离其类也，故称血焉。夫玄黄者，天地之杂也。天玄而地黄。

【译文】

阴与阳势均力敌，必然发生争斗。为使人们理解阴是与阳相战，故将阴阳一并称为龙。虽然阴阳相战，但阴并未脱离其属类，故称为血。所谓玄黄，是指天地互相混杂而成，天为玄，地为黄。

# 屯卦第三

䷂ 震下　坎上

【易德精要】

《屯》紧接《乾》、《坤》，有天地后方生万物，《屯》所说的事物处于萌芽状态。屯指难，万物初生，不堪一击，发展困难，《屯卦》暗示各种难：出门难、成婚难、怀孕难。难的同时又有蓬勃生机，以及好的发展前景。此卦充分表明，创业伊始，道路是曲折的，前途是光明的。

【原文】

屯：元亨，利贞。勿用有攸往。利建侯。

《彖》曰：屯，刚柔始交而难生。动乎险中。大亨贞。雷雨之动满盈，天造草昧。宜建侯而不宁。

《象》曰：云雷，屯。君子以经纶。

【译文】

《屯卦》：弘大，亨通，吉利的卜问。不利于出行。有利于建国封侯。

《彖传》说：《屯卦》是阴阳开始相交而生成险象，要在艰难险阻中顺利前进，就必须要具有广大、通泰、贞正的品德。雷雨交加，要想充盈大地，草木生长。宜于建国封侯，但无法得到安宁。

《象传》说：《屯卦》的上卦是坎，坎为云，下卦是震，震为雷。云行于上，雷动于下，故称为《屯卦》。君子应效法云的恩泽和雷的威严来治理国事。

【原文】

初九：盘桓。利居贞。利建侯。《象》曰：虽盘桓，志行正也。以贵下贱，大得民也。

六二：屯如邅如，乘马班如。匪寇婚媾，女子贞不字，十年乃字。《象》曰：六二之难，乘刚也。十年乃字，反常也。

六三：即鹿无虞，惟入于林中，君子几，不如舍。往，吝。《象》曰：即鹿无虞，以从禽也。君子舍之，往，吝，穷也。

六四：乘马班如，求婚媾。往吉，无不利。《象》曰：求而往，明也。

九五：屯其膏。小贞吉，大贞凶。《象》曰：屯其膏，施未光也。

上六：乘马班如，泣血涟如。《象》曰：泣血涟如，何可长也。

【译文】

初九：徘徊不前。有利于居住的卜问，也有利于建国封侯。《象传》说：虽然徘徊不前，但志向和行为贞正。只要能处尊位而亲近下人，仍会大得民心。

六二：踌躇不前，骑着马原地回旋。不是前来抢劫，而是为了求婚。

占卜预测女子近期不能孕育，十年后才生育。《象传》说：六二爻之所以出现困难，是由于阴爻凌驾于阳爻之上。婚后十年才生育，这是反常现象。

六三：追逐野鹿时，没有管山林之人的引导，考虑是否进入树林中去。君子理智地认为不如放弃猎物。因为他知道若轻率地继续追踪，则必然会发生祸事。《象传》说：追逐野鹿，没有管山林之人的引导，是因为获鹿之心过于急切。君子应及时放弃，否则必遭遇祸事或陷入穷困之中。

六四：骑马原地回旋，是为了求婚。若坚定不移地前进，则结果必然是吉祥，并没有什么不利。《象传》说：坚定不移地去追求，是明智之举。

九五：储存肥肉为祭祀做准备。占问小事则吉，占问大事则凶。《象传》说：储存肥肉，是说明施舍不广。

上六：骑着马原地回旋，哭泣不止而血泪交流。《象传》说：哭泣不止而血泪交流，这种状况怎么能维持长久呢？

## 蒙卦第四

䷃ 坎下　艮上

【易德精要】

《蒙卦》的蒙有两层含意，一是蒙昧无知，二是童蒙幼稚。因为蒙昧无知才会犯错误，对于蒙昧之人要包容、教导。本卦赞美人们保家卫国、抵制侵略的行为。同时《蒙卦》推崇启蒙教育，重视学校教育和社会教育。

【原文】

**蒙：亨。匪我求童蒙，童蒙求我。初筮告。再三渎，渎则不告。利贞。**

**《彖》曰：蒙，山下有险，险而止，蒙。蒙，亨，以亨行时中也。“匪我求童蒙，童蒙求我，”志应也。“初筮告”，以刚中也。“再三渎，渎则不告”，渎，蒙也。蒙以养正，圣功也。**

《象》曰：山下出泉，蒙。君子以果行育德。

【译文】

《蒙卦》：亨通，不是我有求于愚昧无知的人，而是愚昧无知的人有求于我；第一次向神请教，神灵给了他一些暗示。如果一而再，再而三地没有礼貌地占筮，神灵一定不会理睬他。但还是得到吉祥的卜问。

《彖传》说：《蒙卦》的卦象，好比山下有险阻，使道路隔绝，因而处于蒙昧状态，故称为《蒙卦》。蒙昧不明，可是却能亨通，因为态度通达，而且适时采取行动。“不是我有求于愚昧无知的人，而是愚昧无知的人有求于我”，是说明占筮者与求筮者的关系是相互应和的。“第一次占筮，神灵会暗示他”，这是教育者应具备的正确态度；而“一而再，而三地没有礼貌地占筮，神灵一定不会理睬他”，没有礼貌是愚昧无知的表现。通过启蒙教育，可以把愚昧无知的人培养成品质纯正的人，这就是圣人的功业。

《象传》说：《蒙卦》的卦象是坎（水）下、艮（山）上，为山下有泉水之表象。故称为《蒙卦》。君子必须下决心果断行事，才能培养出良好的品德。

【原文】

初六：发蒙，利用刑人。用说桎梏，以往，吝。《象》曰：利用刑人，以正法也。

九二：包蒙，吉。纳妇，吉。子克家。《象》曰：子克家，刚柔接也。

六三：勿用取女，见金夫，不有躬。无攸利。《象传》曰：勿用取女，行不顺也。

六四：困蒙，吝。《象》曰：困蒙之吝，独远实也。

六五：童蒙，吉。《象》曰：童蒙之吉，顺以巽也。

上九：击蒙。不利为寇，利御寇。《象》曰：利用御寇，上下顺也。

【译文】

初六：进行启蒙教育，有利的做法是严加管教年幼无知的小孩。如果不严加管教，任其发展下去，后果不堪设想。《象传》说：有利的做法是严加管教年幼无知的小孩，说明要依照法规端正幼儿的思想言行。

九二：爱护教育不同类型的幼儿，这是很吉利的。如果迎娶新媳妇，也是吉祥的。儿子能治理家业了。《象传》说：儿子能治理家业，这是阴阳刚柔相济的缘故。

六三：不要去强娶女子成婚，会遭到武夫的抵抗，丢掉性命，没有什么好处的。《象传》说：不能娶这个女子，因为这个女子的行为不合乎礼仪要求。

六四：人为愚昧无知所困扰，必将有灾难。《象传》说：人为愚昧无知所困扰，是因为离群索居，缺少必要的社会交际活动。

六五：幼稚愚昧的人，吉利。《象传》说：童蒙无知的人吉利，是因为他们容易驯服、乖巧可人。

上九：打击愚昧无知的人。像强盗一样野蛮就不利，如果为了抵御强盗就有利。《象传》说：有利于防御强盗，上下顺从，众人支持的缘故。

# 需卦第五

乾下　坎上

䷄

【易德精要】

《需卦》中“需”字，意为停留、等待。卦辞认为，《需卦》紧接《屯卦》，刚遇困境，要等待有利时机再行动，会有所收获。爻辞讲困地知隐，谨慎从事，不会失败。《彖传》、《象传》认为，明智的强者，坚信是金子总能发光，不懈地付诸努力，又不急躁冒进。六爻从初爻的“需于郊”发展到上爻的“入于穴”，告诉人们不要坐以待毙，要谨慎、积极行动，创造和积累条件。从哲学角度看，自然和社会处在不断变化发展中，等待也是实现目标的好方法。

【原文】

**需：有孚，光亨，贞吉。利涉大川。**

**《彖》曰：需，须也。险在前也，刚健而不陷，其义不困穷矣。“需：有孚，光亨，贞吉”，位乎天位，以正中也。“利涉大川”，往有功也。”**

**《象》曰：云上于天，需。君子以饮食宴乐。**

【译文】

《需卦》：抓到俘虏，大吉大利，卜问的结果是吉祥的。有利于渡过大江大河。

《彖传》说：《需卦》，是要人等待时机。如果前面有艰难险阻，自身刚强健壮才不会陷入困境，只要耐心等待适合的时机就不致陷入困境。“需：有孚，光亨，贞吉”，这时处于“天”的位置，这是正中之位。“利涉大川”，勇往直前必定成功。

《象传》说：《需卦》的卦象是下卦为乾，乾为天；上卦为坎，坎为水，表示水在天上，水汽聚集在天上成为云层，密云满天，但还没有下雨，需要等待，故称为《需卦》。君子在这个时候可以和朋友一起饮酒作乐，享受生活，待时而动。

【原文】

初九：需于郊，利用恒，无咎。《象》曰：需于郊，不犯难行也。利用恒，无咎，未失常也。

九二：需于沙，小有言，终吉。《象》曰：需于沙，衍在中也。虽小有言，以终吉也。

九三：需于泥，致寇至。《象》曰：需于泥，灾在外也。自我致寇，敬慎不败也。

六四：需于血，出自穴。《象》曰：需于血，顺以听也。

九五：需于酒食，贞吉。《象》曰：酒食贞吉，以中正也。

上六：入于穴，有不速之客三人来，敬之，终吉。《象》曰：不速之客来，敬之，终吉。虽不当位，未失大也。

【译文】

初九：在郊外等待，必须有足够的耐心，这样才不会有危险。《象传》说：在郊外等待，不能冒险轻率前行。始终耐心地等候时机，没有危险，表明没有违背客观规律。

九二：在沙滩上等待，虽然稍有过错，但耐心等待终究会获得吉祥。《象

传》说：在沙滩上等待，以致错过了大好时机，这过失在于自身。虽然稍有过错，但终归能获得吉祥。

九三：在泥泞中等待，结果强盗乘虚而入。《象传》说：在泥泞中等待，泥泞不堪，环境恶劣说明灾祸即将来临。自己招引来强盗，说明要处处小心谨慎才能避开危险。

六四：在血泊中等待，好不容易才脱离困境。《象传》说：在血泊中等待，表明此时必须沉着冷静，顺应时势，听天由命，以等待转机。

九五：在酒宴上等待，这是吉利的占兆。《象传》说：在酒宴上等待，这是吉利的占兆，说明人品行高尚，能择善而居，处在优越的环境中。

上六：失足掉进洞里，忽然有三位不速之客到来，对他们恭恭敬敬，以礼相待，终究会得到吉祥的结果。《象传》说：三位不速之客到来，恭敬、热情地招待他们，终究会获得吉祥，表明此时尽管处在不适当的地位，但还没有遭受大的损失。

# 讼卦第六

䷅ 坎下 乾上

【易德精要】

《彖传》说：《讼》是指上有阳刚而下处险境，为人外表强硬，内心阴险，势必发生争执，这就是《讼卦》。讼指控诉、斗争。反对诉讼是作者的根本态度，他认为最好能保持人与人之间和谐、亲近的关系，不产生诉讼案，一旦产生也应迅速平息，闹到打官司的地步则人财两伤，害人害己。即便胜诉，也不值得提倡。

【原文】

**讼：有孚，窒惕，中吉，终凶。利见大人，不利涉大川。**

《彖》曰：讼，上刚下险，险而健，讼。“讼：有孚，窒惕，中吉”，刚来而得中也。“终凶”，讼不可成也。“利见大人"，尚中正也。"不利涉大川"，入于渊也。

《象》曰：天与水违行，讼。君子以作事谋始。

【译文】

《讼卦》：获得俘虏虽有利可图，但仍然要保持警惕。其事中途吉祥，后来有凶险。有利于会见王公贵族，不利于涉水渡河。

《彖传》说：《讼卦》，是指上有阳刚下有危险，为人外表刚健而内心阴险，必然要发生争执，这就是《讼卦》。"《讼卦》卦辞说：争讼是由于人缺乏诚信，过分对他人设防引起的，坚守正道会吉利"，表明阳刚面临危险还能坚守正道保持自己的节操。"后来有凶险"，表明最终赢不了官司。"有利会见王公贵族"，说明对争讼作出判决需要公平正直的大人物。"不利于涉水渡河"，说明如恃强倚勇，莽撞行事，将会坠入深渊。

《象传》说：《讼卦》的卦象是坎下、乾上，坎为水、乾为天，为天在水上之表象，天从东向西转动，江河百川之水从西向东流，天与水是逆向相背而行的，故称为《讼卦》。所以君子行事前要深谋远虑，从开始阶段就要根除隐患。

【原文】

初六：不永所事，小有言，终吉。《象》曰：不永所事，讼不可长也。虽小有言，其辩明也。

九二：不克讼，归而逋，其邑人三百户。无眚。《象》曰：不克讼，归而逋，窜也。自下讼上，患至掇也。

六三：食旧德。贞厉，终吉。或从王事，无成。《象》曰：食旧德，从上吉也。

九四：不克讼，复即命渝。安贞，吉。《象》曰：复即命渝，安贞不失也。

九五：讼，元吉。《象》曰：讼，元吉，以中正也。

上九：或锡之鞶带，终朝三褫之。《象》曰：以讼受服，亦不足敬也。

【译文】

初六：做事不能持之以恒，虽然稍有过错，但终会获取吉祥。《象传》

说：做事不能持之以恒，说明官司打不了多长时间。虽然稍有过错，但是非曲直一定会水落石出。

九二：输了官司，回到家中，他管辖范围内有三百户奴隶逃跑了，没有灾祸。《象传》说：争讼失败，迅速逃亡，这是躲避反讼。因为自己没什么地位，与上面有权有势的人打官司，必然要失败，所幸灾难没扩大。

六三：安享着先人的遗业。卜问得到险兆，但最终会获得吉祥。相反，辅佐君王建功立业，却不会成功。《象传》说：安享着先人的遗业说明只要仰仗祖上的阴德就可以吉祥。

九四：输了官司，经过反思改变了主意，决定服从判决。卜问平安，必然会得到吉利的结果。《象传》说：输了官司后，经过反思改变了主意，决定服从判决，说明坚守正道、安守本分就不会有什么损失。

九五：案子得到了公正的判决，开始走好运。《象传》说：争讼得到公正的判决，开始走好运，表明此时居于正位，有公正执法的贵人相助。

上九：君王赏赐他腰带，但在一天之内屡次被人解下来。《象传》说：因为打官司而得到赏赐，没有什么可以值得尊敬的。

# 师卦第七

䷆ 坎下　坤上

【易德精要】

《师卦》主要介绍战争理论。师，本义为古代军队编制单位之一，《周礼》云："二千五百人为师也。"《师》的爻辞阐述了作战规律，即兴兵打仗必须严明军纪，否则就会有凶险。《彖传》强调了战争性质在决定战争胜负方面的重要性。正义之战会得到民众的支持，正所谓"得人心者得天下"，很容易取得战争的胜利；发动侵略战争会增加人民负担，还会使人妻离子散，对涉战双方都有害无利，势必遭人唾弃。除此之外，《师卦》还介绍了许多军事因素，如将领的选拔，指挥权的管理，军纪的制定、执行以及随机应变的战术。

【原文】

**师：贞丈人吉，无咎。**

《彖》曰：师，众也。贞，正也。能以众正，可以王矣。刚中而应，行险而顺，以此毒天下，而民从之，“吉”又何“咎”矣。

《象》曰：地中有水，师。君子以容民畜众。

【译文】

《师卦》：做统帅的德才兼备可以得到吉祥，没有灾祸。

《彖传》说：《师卦》，表示拥有众多的兵士。贞，表示师出有名，是正义之战。统率大军去替天行道，就可以统领天下。比如从事至刚中正的德业，即使途中有凶险，仍能顺应形势，以这样的仁义之师去治理天下，就会受到百姓的拥戴，当然是吉祥的，哪里会有灾祸呢！

《象传》说：《师卦》是坎下、坤上，坎为水、坤为地，卦象表现为地中有水。地底下有丰富的水源，取之不尽，用之不竭，象征兵源充足，故称为《师卦》。君子要像地中藏水一样容纳天下百姓，养育众人。

【原文】

初六：师出以律，否臧凶。《象》曰：师出以律，失律凶也。

九二：在师中，吉，无咎。王三锡命。《象》曰：在师中，吉，承天宠也。王三锡命，怀万邦也。

六三：师或舆尸，凶。《象》曰：师或舆尸，大无功也。

六四：师左次，无咎。《象》曰：左次无咎，未失常也。

六五：田有禽，利执言，无咎。长子帅师，弟子舆尸，贞凶。《象》曰：长子帅师，以中行也。弟子舆尸，使不当也。

上六：大君有命，开国承家。小人勿用。《象》曰：大君有命，以正功也。小人勿用，必乱邦也。

【译文】

初六：兴兵作战一定要严明军纪，如果不遵守纪律必然有凶险。《象传》

说：兴兵作战一定要严明军纪，如果没有严明的军纪约束将士，势必发生凶险。

九二：在军中任统帅，吉祥，不会有什么灾祸。君王屡屡嘉奖他。《象传》说：在军中任统帅，吉祥，不会有什么灾祸，表明承受天命，而得到宠爱。君王屡屡嘉奖他，说明他胸怀大志能安邦定国。

六三：军队出征，如果由多人指挥，这是凶兆。《象传》说：军队出征，由多人指挥，说明总打败仗，徒劳无功。

六四：军队退守扎营，没有危险。《象传》说：军队退守扎营，没有危险。说明深通兵法，并未违背行军作战的常理。

六五：打猎时获得猎物，作战中捕获俘虏，不会有灾祸。委任德高望重的长者统领部队，必将战无不胜，委任无德的小人参与军事决策，卜问的结果必然是凶险的。《象卦》说：委任有德长者统率军队战无不胜，表明居中恃正，行为有度，必然获胜。委任无德的小人参与军事决策，说明用人不当，弄不好会全军覆没。

上六：天子颁布了诏命，被封为诸侯的可以建国，被封为卿大夫的可以立家。但绝不可以重用小人。《象传》说：天子颁布了诏命，是为了按功行赏。绝不可重用小人，因为重用小人势必覆国乱邦。

老 子

# 比卦第八

䷇ 坤下　坎上

【易德精要】

《比卦》卦相表现为水附大地、地纳江海，是相互依赖、亲密之象，所以称《比卦》。比，作亲近讲。《比卦》是吉祥之兆。亲近需要双方努力，协调完成，《比卦》中就体现为上亲下和下亲上两种：君主要安抚属下，善待俘虏；臣民则要顺从上级旨意，听从指挥，《比卦》更倾向于前者。同时，《比卦》强调了团结的重要性，无论对内、对外，都要实行亲附政策，但是“亲”也要有所取舍，亲附奸佞之人、结党营私只会伤害自己。

【原文】

**比：吉。原筮，元永贞，无咎。不宁方来，后夫凶。**

**《彖》曰：比，吉也。比，辅也，下顺从也。原筮，元永贞，无咎。以刚中也。不宁方来，上下应也。“后夫凶”，其道穷也。**

**《象》曰：地上有水，比。先王以建万国。亲诸侯。**

【译文】

《比卦》：吉祥。再一次卜筮占问，仍然是大吉大利，不会有灾祸。连不愿臣服的诸侯现在也来朝贺，迟迟不来朝拜的诸侯将有凶险。

《彖传》说：《比卦》，大吉大利。《比卦》，是辅佐的意思，下面的百姓能顺从统治阶级。再一次卜筮占问，仍是大吉大利，不会有祸害，表明有德长者得天时地利，能长久坚持正道，不安分的诸侯现在也来朝贺，表明君臣同心，大家齐心协力。迟迟不来的诸侯将有凶险，说明持观望态度，延误时机破坏团结，所以会有危险。

《象传》说：《比卦》的卦象为坤下、坎上，坤为地，坎为水，象征地上有水。大地上百川争流，流水又滋润着大地，表明地与水亲密无间，互相依存，故称为《比卦》。先王明白这个道理，所以分封疆土，建立万国，亲近诸侯。

【原文】

初六：有孚，比之，无咎。有孚，盈缶。终来有它，吉。《象》曰：比之初六有它，吉也。

六二：比之自内，贞吉。《象》曰：比之自内，不自失也。

六三：比之匪人。《象》曰：比之匪人，不亦伤乎？

六四：外比之，贞吉。《象》曰：外比于贤，以从上也。

九五：显比。王用三驱，失前禽，邑人不诫，吉。《象》曰：显比之吉，位正中也。舍逆取顺，失前禽也。邑人不诫，上使中也。

上六：比之无首，凶。《象》曰：比之无首，无所终也。

【译文】

初六：捕获战俘，要亲近、安抚他们，这样就不会有灾祸。捕获战俘，用装满瓦罐的酒菜招待他们。虽然会有意外的变故，但结果是吉利的。《象传》说：《比卦》的第一爻位（初六），表示一开始虽有变故，但最终可获吉利。

六二：内部和睦团结，占卜的结果是吉祥的。《象传》说：内部亲密团结，就不会失掉民心。

六三：亲近不正派的人。《象传》说：亲近不正派的人，难道不是一件很可悲的事吗？

六四：和外边的人保持友好关系，卜问是吉祥的。《象传》说：在外而亲附于贤君，像臣下顺从他们的君主。

九五：特别亲善团结。跟随君王去田野围猎，从三面拦追堵截，网开一面，任凭禽兽从放开的一面逃走。老百姓对君王的狩猎毫不惊惧。吉祥。《象传》说：特别亲善团结，可获得吉祥。因为此时居于正位，此时不要逆天而行，要遵从客观规律，就好像围猎时网开一面，让该被擒的禽兽落网，不该被获的从一面逃掉。老百姓对君王的狩猎毫不惊惧。这是因为君王的贤德感化了百姓。

上六：众人团结友爱、互相帮助，但没有领导核心，将有凶险。《象传》说：众人亲密团结、互助友爱，但没有领导核心，将有凶险，说明群龙无首不足以成事。

# 小畜卦第九

乾下　巽上

【易德精要】

《小畜》亦为吉卦。畜，意为畜养、积累、储藏。本卦主要讲如何积聚力量，防止不必要的损失。《彖传》说阴阳比例协调，强健而有谦逊之德，如此才能实现自己的理想，所以要成长、壮大就要重视自身修养，培养良好品质。

【原文】

**小畜：亨。密云不雨，自我西郊。**

**《彖》曰：小畜，柔得位而上下应之，曰小畜，健而巽，刚中而志行，乃亨。“密云不雨”，尚往也。“自我西郊”，施未行也。**

**《象》曰：风行天上，小畜。君子以懿文德。**

【译文】

《小畜卦》：亨通吉利。阴云密布，但还没有下雨，云气是从西郊升起来的。

《彖传》说：《小畜卦》的特点是阴柔者处于合适的位置，它周围的阳爻与它互相配合，故卦名称《小畜卦》。强健而又谦恭有德，阳刚居中位，才可以实现自己的志向，亨通吉利。“浓云密布但未下雨”，表明阳气不足，而云气正在上升聚集。“云气从西郊升起”，表明阴阳二气正在相交，故云布于西郊却未降雨。

《象传》说：《小畜卦》的卦象是乾下、巽上，乾为天，巽为风，卦相表现为风在天上吹，密云不雨，故卦名称为《小畜卦》。君子观此卦象，于是修养身心。

【原文】

**初九：复自道，何其咎？吉。《象》曰：复其道，其义吉也。**

九二：牵复，吉。《象》曰：牵复，在中，亦不自失也。

九三：舆说辐。夫妻反目。《象》曰：夫妻反目，不能正室也。

六四：有孚，血去惕出，无咎。《象》曰：有孚，惕出，上合志也。

九五：有孚挛如，富以其邻。《象》曰：有孚挛如，不独富也。

上九：既雨既处，尚德载。妇贞厉。月几望，君子征，凶。《象》曰：既雨既处，德积载也。君子征，凶，有所疑也。

【译文】

初九：自己从原路返回，怎么会有危险呢？这是吉祥。《象传》说：自己从原路返回，这意味着初九的行为吉祥。

九二：同人携手返回原处，吉祥。《象传》说：同人携手返回原处，表明此时处于中位，坚守正道。

九三，半路上，忽然车上的辐条从车轮中脱出来，夫妻之间产生矛盾。《象传》说：夫妻之间产生矛盾，说明不擅长理家。

六四：捕获俘虏，暂时解除战争警报，但仍须保持警惕，这样就没有灾祸。《象传》说：捕获俘虏，保持警惕，表明上下一心。

九五：抓得俘虏，捆缚相连，自己致富也要带动左邻右舍一同富起来。《象传》说：抓得俘虏，捆缚相连，表明要与人共同富裕，不独享富贵。

上九：雨欲下又止，正好得以栽种庄稼，妇女占得此爻则凶险。夏历将近十五日，君子出门远行必遭风险。《象传》说：下了阵雨，又停下来，表明这时阴气弥漫掩盖了阳刚之德。君子外出远行必遭凶险，说明阴气聚集，盲目出行，一定会发生危险。

# 履卦第十

☰☱ 兑下 乾上

【易德精要】

本卦主张为人处事要讲究礼节，要履行自己的社会责任，礼的存在是为了维持等级秩序，强调人的差异，但这种差异又是建立在和谐的人际关系上的，同时适度使用礼仪也能促使人与人之间形成和谐的关系，和则无险。礼与和相互配合，就能使人心态平衡和社会安定；但同时也要审慎自律，不能超出法律允许的范围，胸怀坦荡，并且知道量力而行，不急躁鲁莽、贪功冒进。这样即使处于危险境地，也能化险为夷，有惊无险。

【原文】

（履）：履虎尾，不咥人，亨。

《彖》曰：履，柔履刚也。说而应乎乾，是以“履虎尾，不咥人”。“亨”，刚中正，履帝位而不疚，光明也。

《象》曰：上天下泽，履。君子以辨上下，定民志。

【译文】

《履卦》：踩着老虎尾巴，老虎却没有咬人，吉兆。

《彖传》说：《履卦》是说恭敬地奉礼而行，好像软弱者小心翼翼地跟随在强壮者的后面，与刚正强健配合，所以卦辞说“踩着老虎尾巴，老虎却没有咬人”。“亨通顺利”，有德行的君主身居王位而心安理得，其行光明磊落，道德高尚。

《象传》说：《履卦》的卦象是兑下、乾上，兑为泽、乾为天，上有天，下有泽，故称为《履卦》。君子要深明大义，注意尊卑有别，让百姓听从政令，遵循礼仪而行。

【原文】

初九：素履往，无咎。《象》曰：素履之往，独行愿也。

九二：履道坦坦，幽人贞吉。《象》曰：幽人贞吉，中不自乱也。

六三：眇能视，跛能履，履虎尾，咥人，凶。武人为于大君。《象》曰：眇能视，不足以有明也。跛能履，不足以与行也。咥人之凶，位不当也。武人为于大君，志刚也。

九四：履虎尾，愬愬，终吉。《象》曰：愬愬终吉，志行也。

九五：夬履，贞厉。《象》曰：夬履，贞厉，位正当也。

上九：视履，考祥其旋。元吉。《象》曰：元吉在上，大有庆也。

【译文】

初九：本分行事，没有灾祸。《象传》说：本分行事，表明要专心致志，遵循礼仪实现自己的意愿。

九二：行道之人，胸怀坦荡；幽居的人，安于吉祥。《象传》说：隐居起来不理政事的人，安于吉祥，说明自己秉性中正，能临危不乱，故不被世俗所惑。

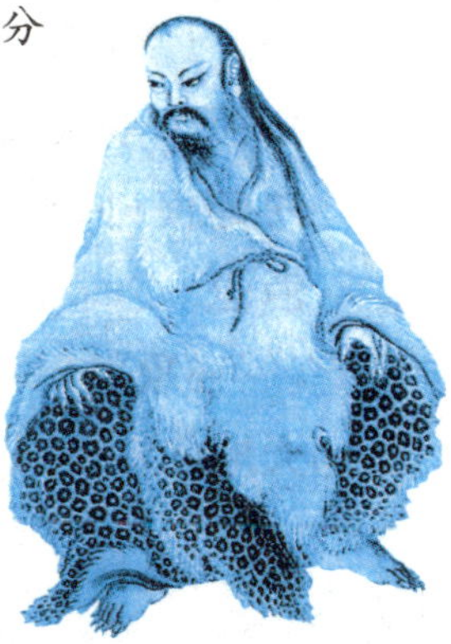

伏　羲

六三：眼睛瞎了却说自己能看见东西，腿跛了却说不耽误走路，这是勉为其难，犹如踩在老虎尾巴上，老虎回头就咬人，这是凶险之事。勇敢的武士要和君主较量。《象传》说：眼睛瞎了却说自己能看见东西，根本没有辨别事物的能力。腿跛了却要走路，其脚力不适于远行。老虎咬人是凶险的，表明这时处位不当，竟然踩在老虎尾巴上。武士要与君主较量，表明武士恃武逞能，过于自信。

九四：踩着老虎尾巴，惊恐不已，但谨慎小心，最终会得到吉祥。《象传》说：感到恐惧害怕，但谨慎小心，最终会获得吉祥，说明谨慎地奉礼而行就能实现自己的志愿。

九五，鲁莽行事，险兆。《象传》说：鲁莽行事，险兆。但九五阳爻居上卦中位，正当其位，故有惊无险。

上九：反省自己的行为，考察得失，始终从善，这样是吉祥的。《象传》说：极为吉祥，高居尊上之位，表明有大的福分值得庆祝。

# 泰卦第十一

䷊ 乾下 坤上

【易德精要】

泰有通达、平安的意思。从卦辞看，“小往大来”是兴旺之象。拔草、渡河、财物失而复得都是顺利的。同时又指出事物之间可相互转化，艰难也可化为顺利，顺利也会成为艰难。这说明《泰卦》既象征风调雨顺、国泰民安的通顺之态，又深刻揭示了事物的对立转化，否极泰来。



【原文】

**泰：小往大来，吉，亨。**

**《彖》曰：“泰：小往大来，吉，亨。”则是天地交而万物通也，上下交而其志同也，内阳而外阴，内健而外顺，内君子而外小人，君子道长，小人道消也。**

**《象》曰：天地交，泰。后以财成天地之道，辅相天地之宜，以左右民。**

【译文】

《泰卦》：由小及大，由弱及强，吉祥，亨通。

《彖传》说：“《泰卦》，由小及大，由弱及强，吉祥，亨通。”说明天地阴阳交合抚育万物茁壮成长，君王臣民上下一心，志同道合，这时阳者处于内而阴者居于外。刚健强壮者处于内而阴柔弱小者居于外，君子处于内而小人居于外。所以君子得势，光大自己的行为；小人失势，奸佞之道渐行渐窄。

《象传》说：《泰卦》的卦象为乾下、坤上，乾为天，坤为地，天地交换位置就形成了《泰卦》。君主观此卦象就要掌握时机，善于裁节调理，促成天地交合，促成天地万物成长，护佑天下百姓，使他们安居乐业。

【原文】

初九：拔茅茹，以其汇。征，吉。《象》曰：拔茅，征，吉，志在外也。

九二：包荒，用冯河，不遐遗。朋亡，得尚于中行。《象》曰：包荒。得尚于中行，以光大也。

九三：无平不陂，无往不复。艰贞，无咎。勿恤其孚，于食有福。《象》曰：无往不复，天地际也。

六四：翩翩，不富以其邻，不戒以孚。《象》曰：翩翩不富，皆失实也。不戒以孚，中心愿也。

六五：帝乙归妹，以祉，元吉。《象》曰：以祉元吉，中以行愿也。

上六：城复于隍。勿用师，自邑告命。贞吝。《象》曰：城复于隍，其命乱也。

【译文】

初九：拔起了一把茅草，它们的根连在一起，真是物以类聚，此时要出征攻伐是吉祥的。《象传》说：拔起一把茅草，出征可获吉祥，说明有在外建功立业的雄心壮志。

九二：把空葫芦绑在身上渡河，不至于沉没。丢了钱，会有好心人送回。《象传》说：其人宽宏大量，能够得到路人的帮助，说明他光明磊落，道德高尚。

九三：平地也会变为陡坡，离开了也一定会回来，卜问艰难之事，卦象显示并没有危险。不用担心被抓走，而且还有口福呢。《象传》说：没有一去不复返的，这是天地间的自然法则。

六四：说大话骗人，将给邻居带来灾难。不互相戒备，彼此以诚相见，讲求信用。《象传》说：说大话骗人，将给邻居带来灾难。是说明都会遭受损失。不互相戒备，彼此以诚相见，讲求信用，因为这是大家内心共同的意愿。

六五：殷帝乙嫁女于周文王，因此得到了福分，是十分吉祥的事。《象传》说：因此获得福分和大吉大利，说明夙愿得以实现。

上六：城墙倒塌在久已干涸的护城河里。“停止行动”，这命令来自邑中，卜问得不祥之兆。《象传》说：城墙倒塌在久已干涸的护城河里，（可惜邑中传来的命令是停止而不是进攻）只怕是传令有误。

# 否卦第十二

䷋ 坤下 乾上

**【易德精要】**

否，坏的意思。《否卦》与《泰卦》初九言辞虽同，其义有别。《易经》以阴爻为不利，同样的卦辞在表阳爻的《泰》中称大通、大顺，在《否》中则运行受阻。否、泰是事物的两个极端，二者是对立统一的关系，否极泰来，泰极否至。《否》用发展的观点看问题，鼓励人们消除不利因素，锐意进取，大胆改革，创建合理的新秩序。

**【原文】**

**（否）：否之匪人，不利君子贞，大往小来。**

**《彖》曰："否之匪人，不利君子贞，大往小来。"则是天地不交而万物不通也；上下不交而天下无邦也；内阴而外阳；内柔而外刚；内小人而外君子，小人道长，君子道消也。**

**《象》曰：天地不交，否。君子以俭德辟难，不可荣以禄。**

**【译文】**

《否卦》：为小人所蒙蔽，这是不利于君子的卜问，得此卦预示事业将由盛转衰。

《彖传》说："为小人所蒙蔽，这不利于君子的卜问，事业也将由盛转衰。"说明天地阴阳之间不合，环境不利于万物生长，君臣之间意见不合，因此天下分崩离析，邦国混乱。阴者居于内而阳者处于外，柔弱顺从者处于内而刚强健壮者居于外，小人居于内而君子处于外；所以小人得志，奸行蔓延，君子失势，正义的行为得不到推广。

《象传》说：《否卦》坤下、乾上，坤为地，乾为天，卦相表现为天在地上。天在上，地在下，天地阴阳之间无从交合，故称为《否卦》。这时候君子必须坚持勤俭节约的美德，以避开危险与灾难，不能受利禄诱惑。

【原文】

初六：拔茅茹，以其汇，贞吉，亨。《象》曰：拔茅贞吉，志在君也。

六二：包承，小人吉，大人否亨。《象》曰：大人否亨，不乱群也。

六三：包羞。《象》曰：包羞，位不当也。

九四：有命，无咎，畴离祉？《象》曰：有命，无咎，志行也。

九五：休否，大人吉，其亡，其亡，系于苞桑。《象》曰：大人之吉，位正当也。

上九：倾否，先否，后喜。《象》曰：否终则倾，何可长也。

【译文】

初六：拔根茅草，结果连根带起一大把，物以类聚，找它们时要以其种类来识别。卜问得此爻吉祥，亨通。《象传》说：拔根茅草，结果连根带起一大把，吉祥的征兆，说明忠心耿耿，愿意集结众人为君主效力。

六二：饭里有肉，对小民而言是吉祥，而对于贵族来说显得寒酸，当然谈不上通泰。《象传》说：贵族不通泰，是因为贵族与小民是不一样的。

六三：有丰盛的酒菜。《象传》说：因为才能品行与职位不符，倍感羞愧。

九四：君主有权赏赐，没有灾祸，但谁能得到封赏呢？《象传》说：君主有权赏赐，没有灾祸，说明君主论功行赏、臣下尽职尽责，大家各行其志。

九五：防备灭国之灾，王公贵族可以获得吉祥。危险啊，危险，国家的命运像系于苞草、桑枝上一样危险。《象传》说：王公贵族可以获得吉祥，说明此时处于正位，恰如其分。

上九：噩运不会长伴左右，只是暂时的，不久就会交好运。《象传》说：噩运快到头儿了，好运还能远吗！

# 同人卦第十三

☲ 离下　乾上

【易德精要】

本卦主张求大同，团结一心。否极泰来后，出现了政通人和的大好局面。人人抛弃个人私心和一家一族的偏见，求大同存小异，以天下为公，但也不是要千人一面，丧失原则和个性，而是推己及人，与人为善，广泛团结一切可以团结的人。爻辞以战争为喻，具体描述了战争的各个环节和影响战争的各种因素，包括备战、作战和凯旋以及几种战斗场面等，这些和军队内部的团结、严明的军纪是分不开的。

【原文】

（同人）：同人于野，亨。利涉大川，利君子贞。

《彖》曰：同人，柔得位得中，而应乎乾，曰同人。同人曰："同人于野，亨。利涉大川。"乾行也。文明以健，中正而应，君子正也。唯君子为能通天下之志。

《象》曰：天与火，同人。君子以类族辨物。

【译文】

《同人卦》：大家在郊外聚集想起事，亨通。有利于渡过大河急流，有利于君子卜问。

《彖传》说：《同人卦》，就像臣民忠于职守，拥戴他们的君主，所以称为《同人卦》。《同人卦》卦辞说："大家在郊外聚集想起事，亨通，有利于渡过大河急流"，这表明可实现君主的统治。君主光明磊落，文明开化，行事坚守正道，互相配合响应，这说明君子光明正大。因此只有君子才能受到百姓的拥戴，一统天下。

《象传》说：《同人卦》的卦象是离下、乾上，离为火，乾为天，这里火为臣民，卦象象征君主上情下达，同时民意也达于君主，故称为《同人卦》。君子要明白物以类聚、人以群分的道理，区别事物的种类，辨明事物的状况。

【原文】

初九：同人于门，无咎。《象》曰：出门同人，又谁咎也。

六二：同人于宗，吝。《象》曰：同人于宗，吝道也。

九三：伏戎于莽，升其高陵，三岁不兴。《象》曰：伏戎于莽，敌刚也。三岁不兴，安行也？

九四：乘其墉，弗克攻，吉。《象》曰：乘其墉，义弗克也。其吉，则困而反则也。

九五：同人先号咷而后笑，大师克相遇。《象》曰：同人之先，以中直也。大师相遇，言相克也。

上九：同人于郊，无悔。《象》曰：同人于郊，志未得也。

【译文】

初九：要在王门聚集起事，不会有什么灾祸。《象传》说：君王走出王门与民同乐，又有谁会有灾祸呢！

六二：在宗庙里聚集族人，有凶险。《象传》说：在宗庙里聚集族人，有凶险是由于不能团结各个阶层的人，这是思想狭隘所致。

九三：在密林中设置伏兵，占据附近的制高点，但三年都没出兵打仗。《象传》说：在密林间设置伏兵，说明敌人力量强大。三年都不敢兴兵打仗，表明敌我力量相差悬殊，怎么敢贸然发兵呢？

九四：登上敌人的城墙，但最终没攻克城池，是吉祥的。《象传》说：登上敌人的城墙，但最终没攻克城池，是因为这不是正义之战，这样做能获得吉祥，是因为在困惑时能及时醒悟，重归正道。

九五：聚集起来的士兵，先哭后笑，是大军及时增援会合后，克敌制胜。《象传》说：聚集起来的众人，之所以先哭后笑，是因为九五居上卦之中位，说明此时内心纯正，定能逢凶化吉。大军与众人会合，是说互相之间获得胜利。

上九：聚众于郊野，祭神相庆，自然没悔意。《象传》说：聚众于郊野，大家都没有悔恨之心。说明此时众人团结一心，天下大同的愿望还没有实现。

# 大有卦第十四

乾下　离上

【易德精要】

《大有卦》有大丰收的意味。卦辞讲的都是农业方面的事，有百利而无一害。而“无交害，匪咎，艰则无咎”一句，含义颇深，表明三方面问题：一是发展农业要注意生态平衡，不能顾此失彼；二是遇到困难只要随机应变，积极面对就会化险为夷；三是表明农业是靠天吃饭，要顺从自然界变化、发展的规律。

【原文】

**大有：元亨。**

**《彖》曰：大有，柔得尊位大中，而上下应之，曰大有。其德刚健而文明，应乎天而时行，是以“元亨”。**

**《象》曰：火在天上，大有。君子以遏恶扬善，顺天休命。**

【译文】

《大有卦》：大吉大利。

《彖传》说：《大有卦》六五之爻居上卦中位，处尊位又得贞正之道，它周围的阳爻与它相配合，如同一人之下万人之上的臣子行为端正、事业有成，所以称为《大有卦》。因为能坚持刚健文明的美德，顺应客观规律，所以风调雨顺，喜获丰收，增加了大量财富，所以说“弘大亨通”。

《象传》说：《大有卦》的卦象是乾（天）下、离（火）上，为火在天上之表象，火焰高悬于空，象征太阳普照万物，故称为《大有卦》。君子此时要明辨是非，抑恶扬善，顺应天命，祈求好运。

【原文】

**初九：无交害，匪咎，艰则无咎。《象》曰：大有初九，无交害也。**

九二：大车以载，有攸往，无咎。《象》曰：大车以载，积中不败也。

九三：公用亨于天子。小人弗克。《象》曰：公用亨于天子，小人害也。

九四：匪其彭，无咎。《象》曰：匪其彭，无咎，明辨晢也。

六五：厥孚交如威如，吉。《象》曰：厥孚交如，信以发志也。威如之吉，易而无备也。

上九：自天佑之，吉，无不利。《象》曰：大有上吉，自天佑也。

【译文】

初九：不要互相侵害，就不会有麻烦，即使遇上艰难困苦，也不会有灾祸。《象传》说：《大有卦》的第一爻（初九）爻辞说，不要互相侵害。

九二：用大车装载着财物，向目的地出行，必然没有什么灾祸。《象传》说：用大车装载着财物，财物堆积于车中不会丢失。

九三：公侯宴筵群臣，但不邀小人入席。《象传》说：公侯设宴招待大臣，让小人参加就会危害国家。

九四：不用暴晒男巫逼他求雨，也不会发生灾祸。《象传》说：不用暴晒男巫逼他求雨，也不会发生灾祸，说明聪明人能明辨是非。

六五：他为人诚实，讲信用，博得人们对他的信任，在众人中树立威信，是吉祥的。《象传》说：他为人诚实，讲信用，博得人们对他的信任，说明以自己的诚实信用来表达志向。在众人中树立威信是吉祥的，说明平易近人而无所戒备。

上九：上天保佑有德之人，吉祥，没有办不成的事。《象传》说：大有卦大吉大利，因为有上天庇护。

# 谦卦第十五

䷎ 艮下 坤上

【易德精要】

《谦卦》是吉卦，提倡谦逊，但这种谦虚是有条件的。才高不自许，德高不自矜，功高不自居，名高不自誉，这说明不光要谦虚，还要有才识，有德行，有声望，这样的谦虚才值得称赞。同时谦也有谦让之意，但不是无原则的谦让，对上级应谦应让，对侵略者则寸土不让。只有把握好尺度，认清形势才能推动事物发展。

【原文】

**谦：亨。君子有终。**

**《彖》曰：谦，亨。天道下济而光明。地道卑而上行。天道亏盈而益谦。地道变盈而流谦。鬼神害盈而福谦。人道恶盈而好谦。谦，尊而光，卑而不可逾，君子之终也。**

**《象》曰：地中有山，谦。君子以裒多益寡，称物平施。**

【译文】

《谦卦》：亨通。筮得此卦，君子将有所成就。

《彖传》说：谦卑，则亨通。上天普照万物，使世界充满光明。地顺从天道，抚育万物成长。天减满盈损，地则由亏及满。鬼神是伤害盈满，赐福于谦虚。人憎恶自以为是的行为，喜欢谦虚。谦虚的人，做高官而不傲慢，使其德行光明正大；处于低微的地位而不自卑，让人仰慕他的德行，这就是君子谦虚将有所成就的原因。

《象传》说：《谦卦》的卦象是艮（山）下、坤（地）上，表现为高山隐藏在地里，比喻拥有过人的才华、高尚的品德却不向人炫耀，所以称作《谦卦》。君子观此卦应取多补少，衡量各种财物的多寡公平分给大家。

【原文】

初六：谦谦君子。用涉大川，吉。《象》曰：谦谦君子，卑以自牧也。

六二：鸣谦，贞吉。《象》曰：鸣谦贞吉，中心得也。

九三：劳谦君子，有终，吉。《象》曰：劳谦君子，万民服也。

六四：无不利，㧑谦。《象》曰：无不利，㧑谦，不违则也。

六五：不富以其邻，利用侵伐，无不利。《象》曰：利用侵伐，征不服也。

上六：鸣谦，利用行师征邑国。《象》曰：鸣谦，未得志也，可用行师，征邑国也。

【译文】

初六：懂得谦虚之道才称得上君子。有此品德，即使是涉水过河，也会一路平安。《象传》说：懂得谦虚之道才称得上君子，就是以谦虚的态度自我修养约束。

六二：有谦虚的美名，卜问可获得吉祥。《象传》说：有谦虚的美名，坚守正道就可获得吉祥，这是说六二爻对于下卦中位，如同人坚守正道。

九三，勤劳而谦虚的君子，必将有好报，凡事吉祥。《象传》说：勤劳而谦虚的君子，万民敬服。

六四：没有任何不吉利，只要勇往直前又谦虚谨慎。《象传》说："没有任何不吉利，只要勇往直前而又谦虚谨慎，这不违背谦虚使人发达的常理。

六五：因为邻国侵略，民不聊生，所以要打击侵略，没有任何不吉利的。《象传》说：筮遇此爻有利于攻城略地，是指征伐那些不愿臣服的国家。

上六：有谦虚的美名，有利于攻取邻近的邑国。《象传》说：有谦虚的美名，但未使邻邑臣服，所以可用出师征讨的办法来使邑国臣服。

# 豫卦第十六

䷏ 坤下　震上

**【易德精要】**

《豫卦》，坤下，震上，即春雷震于上，地下万物复苏，所以有愉悦之意。地随雷动，《豫卦》要顺自然而动，如何顺应自然，这可能需要做长远打算，所以《豫卦》又有犹豫、预计之意。《彖传》提出“顺以动，故天地如之”，也就是说天地顺应自然而动，提出要按客观规律办事。《象传》教人适度享乐，不得因乐丧志，更不可因一时享乐而祸及后人。

**【原文】**

**豫：利建侯、行师。**

**《彖》曰：豫，刚应而志行，顺以动，豫。豫，顺以动。故天地如之。而况建侯、行师乎？天地以顺动，故日月不过，而四时不忒。圣人以顺动，则刑罚清而民服。豫之时，义大矣哉。**

**《象》曰：雷出地奋，豫。先王以作乐崇德，殷荐之上帝，以配祖考。**

**【译文】**

《豫卦》：有利于建国封侯，出兵打仗。

《彖传》说：《豫卦》，为一阳爻对应五阴爻，象征弱者服从强者，统治者能推行自己的主张。顺着自然而动是《豫卦》。《豫卦》顺着自然而动，天地的运行尚且遵从自然规律，更何况建国封侯、出兵打仗呢？天地按照其运行规律而动，所以太阳和月亮的运行从来就没有出现过失误，而四季交替循环也从来没有出现过差错。圣人能够顺时而动，所以在他的治理下赏罚分明，百姓都愿意归附他，《豫卦》所蕴含的顺时而动的意义大得很啊！

《象传》说：《豫卦》坤下、震上，卦象表现为地上响雷，雷鸣地颤，这就是《豫卦》。先王观此卦象而制作出歌颂功德的乐章，他们以盛大隆重的仪礼，把音乐献给天帝，并用它来祭祀自己的祖先。

【原文】

初六：鸣豫，凶。《象》曰：初六鸣豫，志穷凶也。

六二：介于石，不终日。贞吉。《象》曰：不终日，贞吉，以中正也。

六三：盱豫，悔；迟，有悔。《象》：盱豫有悔，位不当也。

九四：由豫，大有得。勿疑朋盍簪。《象》曰：由豫大有得，志大行也。

六五：贞疾，恒不死。《象》曰：六五贞疾，乘刚也。恒不死，中未亡也。

上六：冥豫，成有渝，无咎。《象》曰：冥豫在上，何可长也？

【译文】

初六：因贪图享乐而出名，必遭凶险。《象传》说：《豫卦》的第一爻位（初六）说，因贪图享乐而出名，说明这个人萎靡不振，不思进取，结果必遭凶险。

六二：夹在石缝里但不到一天就被救出，卜问得吉利。《象传》说：不到一天就脱险了，卜问得吉利，这是因为能居中守正。

六三：虚度光阴，后悔不已；若再懈怠大意，则势必后悔莫及。《象传》说：虚度光阴，后悔不已，这是由于六三爻不居正位。

九四：适当享乐，大有好处。不要怀疑朋友们在说自己的坏话。《象传》说：适当享乐，大有好处，表明其志得行，如愿以偿。

六五：卜问疾病，一时半会儿死不了。《象传》说：《豫卦》的第五爻位（六五）讲患病，因为六五阴爻居于九四阳爻之上，因为柔凌驾于刚。一时半会儿死不了，因为六五之爻居于上卦中位，正当不死之象。

上六：即将覆灭仍然享乐，已成之事也将毁败。《象传》说：即将覆灭仍然享乐，像这样的统治者，哪能长久呢？

# 随卦第十七

下震　上兑

【易德精要】

本卦阐述随和、随时和追随的原则，中心是要人们顺时而动，注意把握时机、适时进退。它鼓励人们舍弃一己之见和私利，择善而从，追随正义之师、奉行君子之道，不要固执己见，要善于听取、采纳别人的中肯意见，但这并不是要人放弃自己的原则和立场，而是要人内圆外方，柔中带刚，即在坚持己见的同时吸取别人有益的建议。

【原文】

**随：元亨，利贞，无咎。**

**《象》曰：随，刚来而下柔，动而说，随。大亨，贞无咎。而天下随时，随时之义大矣哉！**

**《象》曰：泽中有雷，随。君子以向晦入宴息。**

【译文】

《随卦》：大吉大利，吉祥的占卜，没有灾祸。

《象传》说：《随卦》下卦为震，震为刚，上卦为兑，兑为柔，象征君主随从民意，如果有所行动，民众自然愿意受命。因而卦名为《随卦》。大吉大利，卜问没有灾祸。天下万事在于随时而行，顺时而动是很重要的。

《象传》说：《随卦》的卦象是震（雷）下，兑（泽）上，为泽中响雷之表象。泽中响雷，泽从雷动，这便是《随卦》。君子观此卦行事要把握时机，顺时而动，如同夜晚就回家睡觉一样。

【原文】

**初九：官有渝，贞吉。出门交有功。《象》曰：官有渝，从正吉也。出门交有功，不失也。**

**六二：系小子，失丈夫。《象》曰：系小子，弗兼与也。**

六三：系丈夫，失小子。随有求得。利居贞。《象》曰：系丈夫，志舍下也。

九四：随有获，贞凶。有孚在道，以明，何咎？《象》曰：随有获，其义凶也。有孚在道，明功也。

九五：孚于嘉，吉。《象》曰：孚于嘉，吉，位正中也。

上六：拘系之，乃从维之。王用亨于西山。《象》曰：拘系之，上穷也。

【译文】

初九：发生冤假错案，卜问得吉祥。出门在外大家团结互助。《象传》说：发生冤假错案，但归从正道则吉祥。出门在外大家团结互助有好处，是因为不失正道。

六二：抓住小奴隶，跑掉大奴隶。《象传》说：抓住小奴隶，跑掉大奴隶，因为二者不可兼得。

六三：抓住大奴隶，跑掉小奴隶。追回大奴隶。卜问居处得吉祥。《象传》说：抓住大奴隶，跑掉小奴隶，是要取大弃小。

九四：追逐名利，虽有收获，卜问有凶险。诚心走正道，还有什么危害呢？《象传》说：追名逐利，虽有收获，可居位不当，则有凶险。但只要心存诚信，不违正道，则可逢凶化吉，这是因为其人光明磊落，不做奸邪之事。

九五：真心对待善良的人，吉祥。《象传》说：把诚信带给诚实善良之人，可获吉祥，这是因为九五爻居正位。

上六：拘禁俘虏，并将其捆绑。周文王将其作为人牲在西山祭祀神灵。《象传》说：拘禁俘虏，这是因为上六爻高居《随卦》最上爻，像人处于困境。

# 蛊卦第十八

巽下　艮上

【易德精要】

蛊，本义为虫，引申为蛊惑，也作鼓惑，比喻政治腐败。所以《蛊卦》提出日久生弊，要积极改变这种腐朽的状态。从卦象上看，上卦为艮，艮为山，下卦为巽，巽为风。高山庄严肃穆，贤人稳居其位；风行山下，比喻百姓蒙受教化。可见治国安邦势在必得，建功立业皆可成就。蛊又指事，有继承义。但《易经》中强调继承父业为孝，继承母业则不知是祸是福。封建社会以男子为重，轻视妇女，可见一斑。

【原文】

蛊：元亨。利涉大川。先甲三日，后甲三日。

《彖》曰：蛊，刚上而柔下，巽而止，蛊。“蛊，元亨”，而天下治也。“利涉大川”，往有事也。“先甲三日，后甲三日”，终则有始，天行也。

《象》曰：山下有风，蛊。君子以振民育德。

【译文】

《蛊卦》：大吉大利，利于涉水渡河。但必须于辛日与丁日启程。

《彖传》说：《蛊卦》，阳刚在上，阴柔居下，是说谦逊而静止，故卦名称为《蛊卦》。“《蛊卦》，大吉大利”，如此，天下大治。“有利于涉越大河”，说明不畏艰险，勇往直前，一定能救万民于水火。“甲前三日为辛日，甲后三日为丁日”，如此从辛日至丁日共七天为一循环周期，即有始有终，有终有始，周而复始，这就是大自然运行的规律。

《象传》说：《蛊卦》下卦为巽为风，上卦为艮为山，为山下起风之象，故称为《蛊卦》。君子应效法此卦救济万民，施行德教。

【原文】

初六：干父之蛊，有子考。无咎，厉，终吉。《象》

曰：干父之蛊，意承考也。

九二：干母之蛊，不可贞。《象》曰：干母之蛊，得中道也。

九三：干父之蛊，小有悔，无大咎。《象》曰：干父之蛊，终无咎也。

六四：裕父之蛊，往见吝。《象》曰：裕父之蛊，往未得也。

六五：干父之蛊，用誉。《象》曰：干父用誉，承以德也。

上九：不事王侯，高尚其事。《象》曰：不事王侯，志可则也。

【译文】

初六：继承父业，作孝子。必无危害，即使遇到危险，最终必获吉祥。《象传》说：继承父业，表明继承父辈的遗志。

九二：继承母业，测不出吉凶。《象传》说：继承母业，九二处于卦中位，显示其人得中正之道。

九三：继承父业，即使犯点小错误，后悔一阵儿，也不会有大的危害。《象传》说：继承父业，最终不会有危害。

六四：想光大父业，不太容易。《象传》说：想光大父业，未必如愿。

六五：继承父业，一定会受到人们的称赞。《象传》说：继承父业，一定会受到人们的称赞，因为继承了父辈的美德。

上九：不侍奉王侯，因为他看重自身价值。《象传》说：不侍奉王侯，这远大的志向可以效法。

# 临卦第十九

䷒ 兑下 坤上

【易德精要】

临有两层含义，一为居高临下，一为治国兴邦。《临卦》提倡感化民众，善待民众，努力提高自身修养，使民众乐于接受自己的领导。《临卦》兼有儒家思想和道家思想，即提出施仁政、以德治国的同时，又强调治国治民要遵从客观规律。不过儒家思想比重更大些。

【原文】

**临：元亨，利贞。至于八月，有凶。**

**《彖》曰：临，刚浸而长，说而顺，刚中而应。大“亨”以正，天之道也。“至于八月，有凶”，消不久也。**

**《象》曰：泽上有地，临。君子以教思无穷，容保民无疆。**

【译文】

《临卦》：大吉大利，吉卦。但是到了八月（阳衰阴盛），会有凶险。

《彖传》说：《临卦》，阳气日益增长，兑为悦，坤为顺，故态度和悦而温顺，阴阳相合。大吉大利且坚守正道，这是大自然的规律。“到了八月会有凶险”，这是因为阴阳二气此消彼长，八月阳气渐衰阴气渐盛，阳气不足。

《象传》说：《临卦》的卦象是兑（泽）下，坤（地）上，为地在泽上之表象。河流包容大地，地居高临下，就是《临卦》。君子由此受到启发，包容万民，对其推行教化，施仁政，功德无量。

【原文】

**初九：咸临，贞吉。《象》曰：咸临贞吉，志行正也。**

**九二：咸临，吉，无不利。《象》曰：咸临，吉，无不利，未顺命也。**

六三：甘临，无攸利。既忧之，无咎。《象》曰：甘临，位不当也。既忧之，咎不长也。

六四：至临，无咎。《象》曰：至临，无咎，位当也。

六五：知临，大君之宜，吉。《象》曰：大君之宜，行中之谓也。

上六：敦临，吉，无咎。《象》曰：敦临之吉，志在内也。

【译文】

初九：以德治民，卜问得吉祥。《象传》说：以德治民，治道贞正，自然吉祥，因为心思纯正，行为端正。

九二：宽以待民，吉祥，不会有什么不利。《象传》说："宽以待民，吉祥，不会有什么不利。"这是因为民众对他尚未心服口服。

六三：以暴力手段治民，没有什么好处。若能以此为忧，诚心改过，还不会有灾祸。《象传》说：以暴力手段治民，这是因为六三爻位置不当。但是若能以此为忧，诚心改过，灾祸就不会长久了。

六四：亲自理国治民，没有灾祸。《象传》说：亲自理国治民，则没有灾祸，这是因为六四爻位置确当，也就是说君主很称职。

六五：开化民智，这是英明君主最好的治国手段，能获得吉祥。《象传》说：这是英明的君主最好的治国手段，说的就是行中庸之道。

上六：怀着忠厚之心治民，能获得吉祥，没有灾祸。《象传》说：怀着忠厚之心治民，能获得吉祥，说明其宅心仁厚。

# 观卦第二十

䷓ 坤下　巽上

【易德精要】

本卦介绍了封建社会施行教化的原则及方法。观看壮观盛大的祭祀典礼及各种美好事物，也就是施行神道、设教，仰慕之情有感而发，特别是观看瞻仰美德更能使人一心向善，而统治者通过观民风，则可了解到民生疾苦及其施政的好坏，及时修正出现的错误。这说明观有两层含义：上观下和下观上。上层人物的一举一动都是下层普通人民关注的焦点，所以上层人物要起到表率作用，且时刻反省自己，这样才能得到下层人民的拥护和信服；另一方面则要体察民意民情，广泛深入地了解百姓的实际情况，在这个基础上制定出适宜的方针政策。因此《观卦》主旨在于强调德教、德政的重要性。

【原文】

观：盥而不荐，有孚颙若。

《彖》曰：大观在上，顺而巽，中正以观天下，观。“盥而不荐，有孚颙若”，下观而化也。观天之神道，而四时不忒。圣人以神道设教，而天下服矣。

《象》曰：风行地上，观。先王以省方，观民，设教。

【译文】

《观卦》：祭祀时把酒洒在地上不用人做祭品，因为用作祭祀的俘虏头被打肿了。

《彖传》说：君王在上，体察民情。观卦为坤下巽上，既柔顺而又谦逊。君王守中正之道才能体察民情，所以称《观卦》。“祭祀时把酒洒在地上不用人做祭品”，(但是恭敬、虔诚丝毫不减)”，就是说百姓通过看祭礼受到良好的教育和感化。观察大自然变化的神妙规律，就会悟出四季循环的规律。圣人就会遵循大自然变化的规律，用教育来感化天下的民众。所以天下的民众都乐意服从。

《象传》说：《观卦》的卦象是坤（地）下、巽（风）上，表现为风吹大地遍行万物，故称为《观卦》。先王效法风吹拂大地而遍及万物的精神，巡游天下，体察民情，推行教化。

【原文】

初六：童观，小人无咎，君子吝。《象》曰：初六童观，小人道也。

六二：窥观，利女贞。《象》曰：窥观女贞，亦可丑也。

六三：观我生进退。《象》曰：观我生进退，未失道也。

六四：观国之光，利用宾于王。《象》曰：观国之光，尚宾也。

九五：观我生，君子无咎。《象》曰：观我生，观民也。

上九：观其生，君子无咎。《象》曰：观其生，志未平也。

【译文】

初六：目光短浅，这对普通百姓来说，不会有害处，但对担任教化重任的君子来说，就将铸成大错。《象传》说：《观卦》的第一爻位（初六）讲，目光短浅，这是没能耐的小人物的特征。

六二：一孔之见，有利于女人卜问。《象传》说：女人窥视男人，即使没越轨，亦是可耻的。

六三：洞察亲族的思想动向，从而决定治政措施。《象传》说：洞察亲族的思想动向，从而决定治政措施。这样做才不违背以人为本的治政原则。

六四：观察国家辉煌的政绩，有利于朝见君主。《象传》说：观察国家辉煌的政绩，尊崇对治国有帮助的人。

九五：善于观察亲族之意向，君子就不会铸成大错。《象传》说：观察亲族，就是观察天下万民。

上九：观察外族的动向，君子才不会有灾祸。《象传》说：观察外族的动向，是因为没有辨清形势，无法作出决定。

# 噬嗑卦第二十一

震下　离上

【易德精要】

本卦运用饮食之道来设喻阐述以法治国的原则和方法。治国要刚柔相济、恩威并施，即在运用教化等怀柔政策的同时，还要整饬法令、法纪，修明刑罚，以严刑峻法惩治不法之徒，制止罪恶的蔓延，并保持社会的良好秩序。执法者既要有公正之心，又要有明察秋毫、明辨是非之能，还要敢于执法，有雷霆万钧之势。但刑罚毕竟为不得已的手段，不可滥用，而且惩罚的目的是让人向善，不能为惩罚而惩罚，故对初犯者应当轻处，对屡犯者应当严惩。

【原文】

**噬嗑：亨。利用狱。**

**《彖》曰：颐中有物曰噬嗑。噬嗑而亨。刚柔分，动而明，雷电合而章。柔得中而上行，虽不当位，“利用狱”也。**

**《象》曰：雷电，噬嗑。先王以明罚敕法。**

【译文】

《噬嗑卦》：亨通，若要打官司，此乃吉卦。

《彖传》说：口中有东西需要咀嚼，所以卦名称为《噬嗑卦》。《噬嗑卦》的卦辞说亨通。上下卦刚柔相济，交相运动，就像雷电交合发出耀眼的强光。六五阳爻居中位得中道，并能奋力向上，虽然不在纯柔之位，但刚柔相济，所以说“有利于讼狱”。

《象传》说：《噬嗑卦》的卦象是下卦为震、上卦为离，震为雷、离为电，为雷电交击之象。雷电交击，就是《筮嗑卦》。雷有威慑力，电能放光明，先王效法这一现象，严明政治，明其刑法，正其法令。

【原文】

初九：屦校灭趾，无咎。《象》曰：屦校灭趾，不行也。

六二：噬肤灭鼻，无咎。《象》曰：噬肤灭鼻，乘刚也。

六三：噬腊肉，遇毒。小吝，无咎。《象》曰：遇毒，位不当也。

九四：噬干胏，得金矢。利艰贞，吉。《象》曰：利艰贞吉，未光也。

六五：噬干肉，得黄金。贞厉，无咎。《象》曰：贞厉，无咎，得当也。

上九：何校灭耳，凶。《象》曰：何校灭耳，聪不明也。

【译文】

初九：足戴脚镣，磨破了脚趾，不会有大的灾祸。《象传》说：足戴脚镣，磨破了脚趾，纠正小错误，稍加惩罚，使其不铸成大错。

六二：吃了太多的鲜鱼肥肉被割掉了鼻子，不会有大的灾祸。《象传》说：吃了太多的鲜鱼肥肉被割掉了鼻子，这是因为六二爻多居于阳爻之上，即柔凌驾于刚上。

六三：吃腊肉，中毒。是小麻烦，没什么大碍。《象传》说：中毒，这是因为六三爻居位不当。

九四：咬带骨头的干肉，吃出金属箭头。有利于卜问艰难之事，其结果是吉利的。《象传》说：有利于卜问艰难之事，其结果是吉利的，说明目前处于艰难之中，但前途光明。

六五：吃干肉，发现肉里有金属箭头。暗示有危险，但最终无灾祸。《象传》说：无灾祸，这是因为六五阴爻居上卦中位，可化险为夷。

上九：肩负重枷磨破了耳朵，凶险。《象传》说：肩负重枷磨破了耳朵，这是因为这人不听他人良言相劝，犯了法。

# 贲卦第二十二

☶☲ 离下 艮上

【易德精要】

《贲卦》指装饰、文饰。本卦多描述婚嫁场面，礼聘迎娶，俨然一幅成婚的风俗画。但是这只是表象，实际上它讲的是礼制形式与内容的关系。国家的政策法规、民间的风俗礼仪构成复杂的社会人文关系，是为维护现存的社会秩序而沉淀下来的。《象》极力解释婚庆场面，曲解了《贲卦》本义，实不可取。

【原文】

**贲：亨。小利有攸往。**

**《彖》曰：贲，亨。柔来而文刚，故亨。分，刚上而文柔，故“小利有攸往”，天文也。文明以止，人文也。观乎天文以察时变，观乎人文以化成天下。**

**《象》曰：山下有火，贲。君子以明庶政，无敢折狱。**

【译文】

《贲卦》：亨通。有事外出得小利。

《彖传》说：《贲卦》，亨通。以柔饰刚，阴阳交衬，所以亨通。刚柔相交，刚主柔次，所以说“有所往得小利”。这阴阳交错、刚柔相济之美，正是天象。社会制度、风俗文化是社会人文现象，观察天象，可以发现四季、昼夜变化的规律；观察社会人文现象，可以教化天下的人，建立一个理想社会。

《象传》说：《贲卦》的卦象是离下，艮上，离为火，艮为山，表示山下燃烧着火焰。山下火焰映红了山上草木，如同披彩，这就叫《贲卦》。君子像火焰一样，使众多的政务清明，处理案件不敢掉以轻心。

【原文】

**初九：贲其趾，舍车而徒。《象》曰：舍车而徒，义弗乘也。**

六二：贲其须。《象》曰：贲其须，与上兴也。

九三：贲如濡如。永贞吉。《象》曰：永贞之吉，终莫之陵也。

六四：贲如皤如。白马翰如。匪寇，婚媾。《象》曰：六四，当位疑也。匪寇，婚媾，终无尤也。

六五：贲于丘园，束帛戋戋。吝，终吉。《象》曰：六五之吉，有喜也。

上九：白贲，无咎。《象》曰：白贲，无咎，上得志也。

【译文】

初九：穿上漂亮的鞋子，舍弃车马徒步而行。《象传》说：舍弃车马徒步而行，这是因为要向人显示自己漂亮的鞋子，不该乘坐车马。

六二：老者修饰自己的胡须。《象传》说：老者修饰自己的胡须，是说老人不服老，愿辅佐君王安邦定国。

九三：装饰得光泽柔润。卜问长时间内是否有凶险，获得吉祥。《象传》说：永远坚守正道，便可获得吉祥，是说只有永久坚持正道，才能免于受辱。

六四：烈日当空，骏马飞驰。骑着一匹雪白的骏马，轻捷地往前奔驰。不是来抢劫，而是来娶亲。《象传》说：六四爻虽居位得当，但心存疑虑。得知不是来抢劫，而是来娶亲。说明疑虑尽释，最终将无祸患。

六五：装饰山丘陵园，献上布帛作聘礼迎亲。起初不太顺利，然而最终必获吉祥。《象传》说：《贲卦》的第五爻位（六五）的吉祥，说明必有喜事临门。

上九：不追求华丽，只用白色有底纹的布帛，没有灾祸。《象传》说：不追求华丽，只用白色有底纹的布帛，没有灾祸，说明正符合朴素无华的志向。

# 剥卦第二十三

䷖ 坤下 艮上

【易德精要】

剥，即剥落，侵蚀。《剥卦》从卦象上看，上卦为艮，艮为山，下卦为坤，坤为地。高山屹立，风雨侵蚀，山石剥落。这警示执政者要抑制小人的势力，以防其残害忠良，搅乱政治。《象传》提示君主要宽以待民，民众如水，水能载舟，亦能覆舟，只有以民为本，取得大众拥戴，才能立于不败之地。

【原文】

**剥：不利有攸往。**

**《彖》曰：剥，剥也。柔变刚也。“不利有攸往”，小人长也。顺而止之，观象也。君子尚消息盈虚，天行也。**

**《象》曰：山附于地，剥。上以厚下安宅。**

【译文】

《剥卦》：有所往则不利。

《彖传》说：《剥卦》，就是剥落。具体说，也就是阴柔逐渐取代阳刚。“有所往则不利”，是因为代表小人正得势，而君子则郁郁不得志。这时，应当顺应时势抑止小人的势力。所以，君子应当遵循盈虚消长相互转化的规律，因为这是天道。

《象传》说：《剥卦》的卦象是坤下艮上，坤为地，艮为山，好比高山受侵蚀而风化，逐渐夷为平地，因而称为《剥卦》。上层统治者观此卦象应当体恤民情，使百姓安居乐业。

【原文】

**初六：剥床以足。蔑贞，凶。《象》曰：剥床以足，以灭下也。**

**六二：剥床以辨，蔑贞，凶。《象》曰：剥床以**

辨，未有与也。

六三：剥之，无咎。《象》曰：剥之无咎，失上下也。

六四：剥床以肤，凶。《象》曰：剥床以肤，切近灾也。

六五：贯鱼以宫人宠，无不利；《象》曰：以宫人宠，终于尤也。

上九：硕果不食；君子得舆。小人剥庐。《象》曰：君子得舆，民所载也。小人剥庐，终不可用也。

【译文】

初六：床脚脱落，无须卜问，凶兆。《象传》说：床脚脱落，这是自毁根基。

六二：床板脱落，无须卜问，凶兆。《象传》说：床板脱落，说明没有人辅佐。

六三：虽然把床扔了，却没有什么灾祸。《象传》说：虽然把床扔了，却没有什么灾祸，是因为床没了床板、床脚，已经不能用了，故可丢弃。

六四：去掉床上的席子，这样必然会发生凶险。《象传》说：去掉床上的席子，是说祸事即将来临。

六五：宫人助君王钓到鱼博得宠幸，没有不利。《象传》说：宫人助君王钓鱼博得宠幸，当然不会有什么过失。

上九：劳者不得食，不劳者得食，君子乘坐华丽的车子，小人住在破草屋里。《象传》说:君子乘坐华丽的车子，这会给老百姓带来沉重的负担。小人居住破烂的草屋，这种现象表明最终难保平安。

# 复卦第二十四

䷗ 震下　坤上

【易德精要】

所谓"山穷水尽疑无路，柳暗花明又一村"，《复卦》紧接《剥卦》，一改《剥卦》阴剥阳之相，阴盛而阳又生。虽然阳气还很弱，但生机无限，让人看到光明的前景、胜利的曙光。《彖传》说大自然循序而行，无休无止，这是自然界运行的法则。《复卦》也表明天地生生不息、滋养万物的伟大。

【原文】

**复：亨。出入无疾。朋来无咎。反复其道，七日来复。利有攸往。**

**《彖》曰：复，亨，刚反。动而以顺行，是以"出入无疾，朋来无咎"。"反复其道，七日来复"，天行也。"利有攸往"，刚长也。复，其见天地之心乎！**

**《象》曰：雷在地中，复。先王以至日闭关，商旅不行，后不省方。**

【译文】

《复卦》：亨通。外出居家都不会得病。有钱可赚而且可以免灾。返回途中，经过七天就可回归。没什么不吉利的。

《彖传》说：《复卦》，亨通，是由于阳气重生，阳刚之气自下而上地活动并能够畅通顺利地行进，因而"外出、居家都不会得病，又有友人相助，可以无灾祸"。"返回途中，经过七天就可回归"，这是自然界运行的规律。"有所往则有所利"，是因为阳刚日渐强大。由此可见，《复卦》说明天地生生不息、滋养万物。

《象传》说：《复卦》的卦象是震（雷）下、坤（地）上，为雷在地中周而复始，轻微活动之表象，因而称为《复卦》。先王观此卦象，就在阳气初生的冬至这一天关闭关口，禁止商业活动、出游，君王自己也不外出巡行。

【原文】

初九：不远复，无祇悔，元吉。《象》曰：不远之复，以修身也。

六二：休复，吉。《象》曰：休复之吉，以下仁也。

六三：频复，厉，无咎。《象》曰：频复之厉，义无咎也。

六四：中行独复。《象》曰：中行独复，以从道也。

六五：敦复，无悔。《象》曰：敦复无悔，中以自考也。

上六：迷复，凶，有灾眚。用行师，终有大败，以其国君凶。至于十年不克征。《象》曰：迷复之凶，反君道也。

【译文】

初九：没走多远就返回，没有大的过失，必然会大吉大利。《象传》说：没走多远就返回，说明能注意自身修养。

六二：圆满结束旅行，吉祥。《象传》说：圆满结束旅行之所以吉祥，是因为能屈尊亲近仁德的人。

六三：皱着眉头回来，有惊无险。《象传》说：皱着眉头回来，但已脱离危险，按理说没什么麻烦。

六四：中途独自返回。《象传》说：中途独自返回，说明服从了道义又步入正轨。

六五：亲身体验后决定回来，不会后悔。《象传》说：亲身体验后决定回来，不会后悔，是因为能够反省考察自己的言行以完善自我，促成自己回归正道。

上六：步入歧途，无法自拔，这样必然凶险，会有天灾人祸不期而至。用兵作战，终将一败涂地，并且累及国君遭受凶险，以致十年都打不了胜仗。《象传》说：步入歧途，无法自拔之所以凶险，是因为违背了为君之道。

# 无妄卦第二十五

䷘ 震下　乾上

【易德精要】

妄，有两种解释：一是胡乱，二是荒诞、荒谬。《无妄卦》讲要诚实守信、宅心仁厚，不可胡作非为，行荒谬之事。

卦辞从正反两方面论述了“无妄”的含义，无妄就是要尊重事物发展规律，顺应时代发展潮流，因地制宜。否则，其行为妄。具体内容可详见《彖传》部分。

【原文】

**无妄：元亨，利贞。其匪正，有眚，不利有攸往。**

**《彖》曰：无妄，刚自外来而为主于内。动而健，刚中而应。大、亨以正，天之命也。“其匪正，有眚，不利有攸往。”无妄之往何之矣？天命不祐，行矣哉？**

**《象》曰：天下雷行，物与，无妄。先王以茂对时育万物。**

【译文】

《无妄卦》：大吉大利，吉卦。若作奸犯法，则有灾祸，有所往不利。

《彖传》说：《无妄卦》，阳气自外而内，雷厉风行，刚强有力，刚居中位而与柔相应。弘大、亨通而正确，这是天命。“若行为不端正，则有灾祸，有所往不利”，就是说不坚守正道贸然行事，不知结果会怎样。违背天命，必然得不到上天的保佑，又怎么能够行得通呢？

《象传》说：《无妄卦》的卦象是震下、乾上，震为雷、乾为天，好比高空响雷，天下雷行，万物生长，这就是《妄卦》。先王观此卦应顺应天命，尽其所能地遵循天时促进万物的生长。

【原文】

初九：无妄往，吉。《象》曰：无妄之往，得志也。

六二：不耕，获；不菑，畬。则利有攸往？《象》曰：不耕，获，未富也。

六三：无妄之灾。或系之牛，行人之得，邑人之灾。《象》曰：行人得牛，邑人灾也。

九四：可贞，无咎。《象》曰：可贞无咎，固有之地。

九五：无妄之疾，勿药有喜。《象》曰：无妄之药，不可试也。

上九：无妄行！有眚，无攸利。《象》曰：无妄之行，穷之灾也。

【译文】

初九：不胡作非为，吉祥。《象传》说：没有恣意妄为，是说行为受意志的控制。

六二：不耕作就期望收获，不开荒地就想有地种，这样做行得通吗？《象传》说：不耕作就期望收获，是说痴心妄想不能带来财富。

六三：意外的灾祸，好比路人随手牵走了拴在路边的牛，对路人来讲是意外的收获，同村的人却被怀疑为偷牛贼而蒙受飞来的横祸。《象传》说：路边的人顺手把牛牵走而获意外之得，与此同时，同村的人就会被人怀疑是偷牛贼而蒙受意外之灾。

九四，称心的卜问，没有灾祸。《象传》说：能够坚守正道，所以没有灾祸，理应如此。

九五：意外患病，不用乱吃药会不治而愈的。《象传》说：不能随便吃不知名的药。

上九：不要胡作妄行，否则会惹祸上身，得不到一点儿好处。《象传》说：别办荒唐事，那样做太无聊了。

# 大畜卦第二十六

䷙ 乾下　艮上

**【易德精要】**

《大畜》有畜德、畜贤、畜止的意思。畜德，即要努力学习，领会先人积极的言论和高尚的品德，以此充实自己，培养自己美好的品德；畜才，即爱护、使用有识之士；畜止，指遇到危险，适可而止，坐待时机，不轻举妄动，以免招灾惹祸。



**【原文】**

**大畜：利贞。不家食，吉。利涉大川。**

**《象》曰：大畜，刚健笃实，辉光日新。其德刚上而尚贤，能止健，大正也。“不家食，吉”，养贤也。“利涉大川”，应乎天也。**

**《象》曰：天在山中，大畜。君子以多识前言往行，以畜其德。**

**【译文】**

《大畜卦》：吉利的卜问。不靠家里供养，拿朝廷的俸禄，吉祥。有利于过大河。

《象传》说：《大畜卦》，刚健敦厚，天光山色交相辉映，孕育出一片新气象。阳刚居上位而能够推崇贤能之士，行为端正又懂节制，这是最大的正道。“不在家里吃饭，吉祥”，是说国家以厚禄养贤。“有利于过大河”，是说能够遵循自然规律涉江渡河。

《象传》说：《大畜卦》的卦象是乾（天）下、艮（山）上，阳光洒在山里，万物吸天地精华、茁壮成长，故称为《大畜卦》。君子效法这一精神，应当更多地学习领会前代圣人君子的言论和行为，以此充实自己，培养美好的品德和丰富自己的学识。

【原文】

初九：有厉，利已。《象》曰：有厉，利已，不犯灾也。

九二：舆说輹。《象》曰：舆说輹，中无尤也。

九三：良马逐。利艰贞。曰闲舆卫。利有攸往。《象》曰：利有攸往，上合志也。

六四：童牛之牿，元吉。《象》曰：六四元吉，有喜也。

六五：豮豕之牙。吉。《象》曰：六五之吉，有庆也。

上九：何天之衢。亨。《象》曰：何天之衢，道大行也。

【译文】

初九：事情有危险，及时收手就能逢凶化吉。《象传》说：事情有危险，及时收手就能逢凶化吉，因为这样就不会触犯灾祸。

九二：车轮的辐条脱落。《象传》说：车轮的辐条脱落，说明九二爻居下卦中位，没什么可担心的。

九三：驾着良马驰逐。卜问艰难之事吉利。每天熟练驾驶防卫的事情。有所往则有利。《象传》说：有所往则有利，能如愿。

六四：给小牛角装上一块横木，这是大吉大利的事。《象传》说：《大畜卦》的第四爻位（六四）大吉大利，指有喜庆之事。

六五：把雄猪圈起来，吉祥。《象传》说：《大畜卦》的第五爻位（六五）讲的吉祥，是指有值得庆祝的事。

上九：受上天的庇护，亨通顺利。《象传》说：受上天的庇护，万事顺利。

# 颐卦第二十七

䷚ 震下 艮上

【易德精要】

颐，本义为面颊，吃东西时面颊鼓起，故引申为养，养又分为自养、求养、养人。自养、养人是《易》所提倡的；上艮止，多言养人，养人者多得正，故多吉；六爻下震动，多言求人之养，求养者多不正，故多凶。《颐卦》认为求人养不如自养，自养不如养人，但养人必须建立在自养的基础上，因为养人既要养身又要养德。同时本卦提出养德重于养身。在不断提倡精神文明重要性的今天，《颐卦》仍有积极的现实意义。

【原文】

**颐：贞吉。观颐，自求口实。**

**《彖》曰：颐“贞吉”，养正则吉也。“观颐”，观其所养也。“自求口实”，观其自养也。天地养万物，圣人养贤以及万民。颐之时大矣哉。**

**《象》曰：山下有雷，颐。君子以慎言语，节饮食。**

【译文】

《颐卦》：卜问得吉祥。研究养生之道，是想自食其力。

《彖传》说：《颐卦》说只有坚守正道才能获得吉祥，是说用正确的方法养育他人和保养自己，才能获得吉祥。“研究养生之道”，就是要观察一个人是如何养育他人的。“自食其力”，就是要观察一个人是怎样养活自己的。天地养育万物，圣人养贤蓄能和普济天下百姓。由此可见，适时运用颐养之道的意义多么重大！

《象传》说：《颐卦》震下、艮上，震为雷，艮为山，卦象表现为雷在山下震动，山中响雷，春雨将至，万物萌发，因而称为《颐卦》。君子言行要有分寸以培养美好的品德，节制饮食保持身体健康。

【原文】

初九：舍尔灵龟，观我朵颐，凶。《象》曰：观我朵颐，亦不足贵也。

六二：颠颐，拂经于丘。颐征，凶。《象》曰：六二征凶，行失类也。

六三：拂颐，贞凶。十年勿用，无攸利。《象》曰：十年勿用，道大悖也。

六四：颠颐，吉。虎视眈眈，其欲逐逐，无咎。《象》曰：颠颐之吉，上施光也。

六五：拂经，居贞吉。不可涉大川。《象》曰：居贞之吉，顺以从上也。

上九：由颐，厉，吉。利涉大川。《象》曰：由颐，厉，吉，大有庆也。

【译文】

初九：自己储藏着大量的财宝，还想得到别人的财物，必然会招致凶险。《象传》说：想得到别人的财物，不是高尚的行为。

六二：在山坡上开荒种地，违背常理。为了生计侵略他国、抢劫他人是凶险之事。《象传》说：《颐卦》的第二爻位（六二）说侵略他国，抢劫他人则凶险，因为这种行为不合乎道义。

六三：违背颐养的正道，一味地追求口腹之欲，结果卜问得凶兆。十年都走霉运，没有一点儿好处。《象传》说：十年都走霉运，是因为它违反颐养的正道，从根本上违背了养育他人与保养自己的原则和方法。

六四：只想养活自己，吉祥。虎视眈眈，要有防人之心，怡然自得，无灾祸。《象传》说：只想养活自己，之所以吉祥，因为君上施舍宽广，足以养民。

六五：开荒种地，养家糊口，卜问得吉祥。筮遇此爻，不可涉水渡河。《象传》说：居家守正，之所以得吉兆，是因为能够顺从君主。

上九：奉行养生之道，先遇艰难而后吉祥。有利于涉水渡河。《象传》说：遵循颐养正道，先遇艰难而后吉祥，可喜可贺。

# 大过卦第二十八

䷛ 巽下　兑上

【易德精要】

本卦描述事物超出常态，打破旧的平衡，致使阴阳失调。此时阳气过盛，居位不当，辅助者和配合者跟不上，显得不协调，情形十分危急。但解决的办法不是损阳补阴，截长补短，简单地恢复旧的平衡或关照弱者，而是扶持弱者，使它们强大起来，能够阴阳调和，相济互助，从而建立起新的平衡。若此时盲目采取过激或鲁莽的行动，难免会遇到危险，应先团结好一切可团结的力量才可采取行动，同时注意不要沾染恶习，以免受其连累，但也不要拘泥于常理。

【原文】

**大过：栋桡。利有攸往，亨。**

**《彖》曰：大过，大者过也。“栋桡”，本末弱也。刚过而中，巽而说。行，“利有攸往”，乃“亨”。大过之时大矣哉。**

**《象》曰：泽灭木，大过。君子以独立不惧，遁世无闷。**

【译文】

《大过卦》：房屋的栋梁受重压而弯曲。有所往则有利，吉祥。

《彖传》说：《大过卦》，是说阳气过盛。“房屋的栋梁受重压而弯曲”，是说栋梁的两头太细，不堪重负，所以致使栋梁受压而弯曲。阳刚过盛，但得中正之道，有谦逊、和悦的品德。以此行动，“有所往则有利”，结果必然会“亨通”。《大过卦》讲把握时机的重要性。

《象传》说：《大过卦》巽下、兑上，巽在这里代表木，兑为泽，卦象表现为水泽淹没了树木，故称为《大过卦》。君子观此卦象，就应当坚持自己的操守，进则超然独行，不必顾忌和畏惧他人的非议；退则隐居不问世事，淡泊明志。

【原文】

初六：藉用白茅，无咎。《象》曰：藉用白茅，柔在下也。

九二：枯杨生稊，老夫得其女妻，无不利。《象》：老夫女妻，过以相与也。

九三：栋桡，凶。《象》曰：栋桡之凶，不可以有辅也。

九四：栋隆，吉。有它，吝。《象》曰：栋隆之吉，不桡乎下也。

九五：枯杨生华，老妇得其士夫，无咎无誉。《象》曰：枯杨生华，何可久也。老妇士夫，亦可丑也。

上六：过涉灭顶，凶，无咎。《象》曰：过涉之凶，不可无咎也。

【译文】

初六：祭祀时用白茅垫着祭品，所以不会发生灾祸。《象传》说：祭祀时用白茅垫着祭品，如同初六阴爻居下位。

九二：已经枯萎的杨树又长出新的枝芽，老年男子娶了年轻的妻子，这种现象没有什么可奇怪的。《象传》说：老年男子娶年轻妻子，二人年龄差距太大，故为错误的婚配。

九三：房屋的栋梁受重压而弯曲，结果必然发生凶险。《象传》说：房屋栋梁受重压而弯曲发生凶险，是因为梁曲屋倾而无法支撑。

九四：房梁挺直牢固，可以获得吉祥。一旦坍塌，后果不堪设想。《象传》说：房梁挺直牢固，之所以获得吉祥，是因为房梁不再向下弯曲而房屋也不会坍塌。

九五：枯萎的杨树重新开花，衰老的妇人嫁给年轻男子，这种事没什么害处，但也不值得称道。《象传》说：枯萎的杨树重新开花，但花能长开不谢吗？衰老的女人嫁年轻的男子，这种婚配不太光彩。

上六：盲目涉水，淹没了头顶，就会发生凶险，但最终不会有灾祸。《象传》说：盲目涉水以致危及生命安全，但如果有人相救，还可以化险为夷，最终不会有灾祸。

# 坎卦第二十九

☵☵ 坎下 坎上

【易德精要】

本卦全名为《习坎卦》。《习坎卦》坎上坎下相叠，故表示重重的艰难险阻。然而坎又为水，川流不息，表示能冲破层层险阻，到达胜利的彼岸。《习坎卦》卦面强调险、难，实际推崇的是克服困难，即树立坚定信念，勇往直前，随机应变，谨言慎行。《彖传》教人辩证地运用险阻，以险为屏，保家卫国，独具匠心。此卦看似凶险，但只要坚持正道，终能逢凶化吉。

【原文】

**习坎：有孚，维心，亨。行有尚。**

**《彖》曰：习坎，重险也。水流而不盈。行险而不失其信，维心亨，乃以刚中也。“行有尚”，往有功也。天险，不可升也。地险，山川丘陵也。王公设险，以守其国。险之时，用大矣哉。**

**《象》曰：水洊至，习坎。君子以常德行，习教事。**

【译文】

《习坎卦》：真心祈祷，自己一定能亨通。出行一定能得到帮助。

《彖传》说：《习坎卦》，表示困难重重。水长流不息。面临险境，信心不减。不畏艰险勇往直前一定能亨通，是因为具有坚强刚毅、不偏不倚的品德。“所行必获赏赐”，是因为勇往直前，就会克服重重险阻，获得成功。天以高作为自己的险阻，人们无法升上去。地以山河丘陵作为自己的险阻，人们很难顺利前进。王公贵族效法天地，设置屏障险阻以保卫国家。由此可见，关山险阻，在防守时至关重要。

《象传》说：《习坎卦》的卦象是坎（水）下、坎（水）上，为水流之象。川流经久不息，故称为《习坎卦》。君子因此保持美好的德行，熟练掌理政治事务。

【原文】

初六：习坎，入于坎窞，凶。《象》曰：习坎入坎，失道凶也。

九二：坎有险，求小得。《象》曰：求小得，未出中也。

六三：来之坎，坎险且枕，入于坎窞，勿用。《象》曰：来之坎坎，终无功也。

六四：樽酒簋贰。用缶，纳约自牖。终无咎。《象》曰：樽酒簋贰，刚柔际也。

九五：坎不盈，祗既平，无咎。《象》曰：坎不盈，中未大也。

上六：系用徽纆，置于丛棘，三岁不得，凶。《象》曰：上六失道，凶三岁也。

【译文】

初六：重重险阻，坠入深渊，结果必然是凶险的。《象传》说：重重险阻，坠入深渊是因为迷失正道。

九二：虽然困难重重，但敢于行险道，或许小有收获。《象传》说：敢于行险道或许小有收获，因为九二之爻居于卦的中位，像人坚守正道。

六三：危机四伏，随时可能陷入困境，不可轻举妄动。《象传》说：危机四伏，很难有所作为。

六四：有酒有菜，用瓦缶盛着，从窗里送进取出。终无灾祸。《象传》说：有酒有菜，是说在困境中仍能推心置腹、相互信任地交往，刚柔相济，所以最终免遭灾祸。

九五：坑还未填满，小丘的土已经铲平，没有灾祸。《象传》说：坑还未填满，说明九五的中道尚未发扬光大，所以，还不会发生灾祸。

上六：将俘虏用绳索牢牢捆住，囚在荆棘丛生的牢狱中，长达三年不能解脱，十分凶险。《象传》说：《习坎卦》的第六爻位（上六）指出不能坚守正道，将长时间身处险境。

# 离卦第三十

䷝ 离下　离上

【易德精要】

《离卦》，离上离下相叠，离为日，太阳反复升起，周而不息。日附丽于天，草木附丽于大地，喻人依附正道，可获吉祥。故《离卦》有两重意义，一是光明，一是附着。《彖传》综合了光明和附着两重含义，日月光明依附于天，政治清明；草木隐言文采，附着于地就是文明。旨在鼓励大家修身养德，推进文明进程。

【原文】

**离：利贞，亨。畜牝牛，吉。**

**《彖》曰：离，丽也。日月丽乎天，百谷草木丽乎土。重明以丽乎正，乃化成天下。柔丽乎中正，故亨。是以“畜牝牛，吉”也。**

**《象》曰：明两作，离。大人以继明照于四方。**

【译文】

《离卦》：吉利的卜问，亨通。像母牛一样温顺，可以获得吉祥。

《彖传》说：《离卦》，就是附丽，也就是附着的意思。譬如日月附着在天宇，百谷草木附着大地。日月生辉而又依附正道，从而造化万物。柔顺居正位，并且坚守正道，当然能亨通。因此卦辞说：“像母牛一样温顺，吉祥”。

《象传》说：《离卦》的卦象为离（火）下、离（火）上，为光明接连升起之表象。太阳天天升起，故称为《离卦》。君主效法这一现象，也应当连绵不断地像太阳一样施恩于民。

【原文】

**初九：履错然，敬之，无咎。《象》曰：履错之敬，以辟咎也。**

**六二：黄离，元吉。《象》曰：黄离，元吉，得中道也。**

九三：日昃之离，不鼓缶而歌，则大耋之嗟，凶。《象》曰：日昃之离，何可久也？

九四：突如其来如，焚如，死如，弃如。《象》曰：突如其来如，无所容也。

六五：出涕沱若，戚嗟若，吉。《象》曰：六五之吉，离王公也。

上九：王用出下，有嘉折首，获匪其丑，无咎。《象》曰：王用出征，以正邦也。

【译文】

初九：步履错乱，但能谨慎从事且未轻举妄动，就不会出错。《象传》说：步履错乱，但能谨慎从事且未轻举妄动，是要防患于未然。

六二：穿黄色的衣服，大吉大利。《象利》说：穿黄色的衣服，大吉大利，是因为六二之爻居下卦中位，像人坚守正道。

九三：夕阳西下，映红西天，这时如果不击缶唱歌，就感慨老迈无能，这样必然遭遇凶险。《象传》说：夕阳西下，映红西天，怎么能长久呢？

九四：大火不期而至，屋毁人亡。《象传》说：大火突如其来，人们无处藏，葬身火海。

六五：灾难过后，人们痛哭流涕，悲伤哀叹，然而吉祥。《象传》说：《离卦》的第五爻位（六五）讲之所以能够获得吉祥，是由于他依附于君主，受到了君主的庇佑。

上九：奉命出征，立下战功，斩杀敌方首领，优待俘虏，这样做不会发生灾祸。《象传》说：君王出兵征伐，是为了安定邦国。

黄　帝

# 下　经

## 咸卦第三十一

䷞　艮下　兑上

【易德精要】

《咸卦》从卦象看，上卦为兑，兑为泽，为阴；下卦为艮，艮为山，属阳。山中有水，山水相映，彼此心照不宣。阴阳交合，大吉之兆。此卦强调感应，男女双方有意，情投意合，则家庭和睦；君臣相宜，则国家富强；有识之士得意扬扬，则能成就一番事业。

【原文】

**咸：亨，利贞。取女，吉。**

**《彖》曰：咸，感也。柔上而刚下，二气感应以相与，止而说，男下女，是以“亨利贞，取女，吉”也。天地感而万物化生。圣人感人心而天下和平，观其所感，而天地万物之情可见矣。**

**《象》曰：山上有泽，咸。君子以虚受人。**

【译文】

《咸卦》：亨通，吉利的卜问。娶妻，吉祥。

《彖传》说：《咸卦》，意为相互感应。好比是阴柔居上而阳刚居下，这样阴阳二气才会相互交融。相互感应时，阳刚一方能够不妄动而自我克制，阴柔一方能够欢欣喜悦，如同男子按礼向女子求婚，因此卦辞说“亨通、吉利、贞正，这样娶妻便可以获得吉祥”。天地交感就促成万物发育生长，圣人以其德行感化百姓就会使天下太平。通过观察男女之间的爱慕之情，以小见大，我们就不难发现天地万物的真情了！

《象传》说：《咸卦》艮（山）下、兑（泽）上，卦象表现为山供养泽，即上方的水泽滋润山，下面的山体承托上方的水泽并吸收其水分的形象，因而称为《咸卦》。君子效法山水相连这一现象，谦虚地听取他人的意见。

【原文】

初六：咸其拇。《象》曰：咸其拇，志在外也。

六二：咸其腓，凶。居，吉。《象》曰：虽凶，居，吉，顺不害也。

九三：咸其股，执其随，往，吝。《象》曰：咸其股，亦不处也。志在随人，所执下也。

九四：贞吉，悔亡。憧憧往来，朋从尔思。《象》曰：贞吉，悔亡，未感害也。憧憧往来，未光大也。

九五：咸其脢，无悔。《象》曰：咸其脢，志末也。

上六：咸其辅、颊、舌。《象》曰：咸其辅、颊、舌，滕口说也。

【译文】

初六：伤了大脚趾。《象传》说：大脚趾在动，说明想在外发展。

六二：交相感应在他的小腿肚上，这是凶险的事情。若是安居静处，便可以获得吉祥。《象传》说：虽然会发生凶险的事情，但是只要不轻举妄动，便可逢凶化吉。顺从贞卜之象可以避免灾祸。

九三：交相感应在他的大腿上，执意盲从。这样前去行事，必然导致灾祸。《象传》说：动他的大腿，说明九三爻也要发生变化。但其志向不过是追随他人，可见他的思想水平不高。

九四：卜问吉祥，没有什么可后悔的。人们往来不断，朋友会顺从你的意愿。《象传》说：内心贞正，就可以获得吉祥，没有什么可后悔的，说明没有遭受祸害。虽然与朋友往来频繁，但交游不广。

九五：交感在他的脊背上，不会后悔。《象传》说：交感在他的脊背上以背负重物，说明他没什么大抱负。

上六：交感互应发生在他的腮帮、脸颊、舌头。《象传》说：动他的腮帮、脸颊、舌头。说明其只是说大话，糊弄人。

# 恒卦第三十二

䷟ 巽下　震上

【易德精要】

本卦教导人们处事要有恒心。有恒才有成，立身处世、修身养性更要有持之以恒的精神，但恒必须动机纯正，而且要按客观规律办事，这样才会亨通顺利。同时也要讲究通达权变之道，万物处于恒常变化之中，当恒则恒，当变则变，应根据不同的场合时机，灵活选择坚持什么，反对什么。极端坚持某事，反而会违背常理。因此恒中应有变，变中要有恒，是恒是变，应因时、因地、因事、因人而宜。

【原文】

**恒：亨，无咎，利贞。利有攸往。**

**《彖》曰：恒，久也。刚上而柔下，雷风相与，巽而动，刚柔皆应，恒。恒“亨无咎，利贞”，久于其道也。天地之道恒久而不已也。“利有攸往”，终则有始也。日月得天而能久照，四时变化而能久成。圣人久于其道而天下化成。观其所恒，而天地万物之情可见矣。**

**《象》曰：雷风，恒。君子以立不易方。**

【译文】

《恒卦》：亨通，没有灾祸，吉利的卜问，有所往则有利。

《彖传》说：《恒卦》，就是恒久的意思。阳刚居于上，阴柔居于下。雷厉风行，二者相辅相成，推进事物发展，既能谦逊地顺从，又能积极行动，刚柔相济，所以本卦取名为《恒卦》。《恒卦》卦辞说“亨通，没有灾祸，利于坚守正道”，是说必须不懈、毫不动摇地坚持正道。自然界的运行规律是恒定不变的，贯穿始终，无时不在、无处不在，“有所往则有利”，是说事物变化发展的规律是周而复始、循环无穷的，到了终点就又获得了新的起点。太阳、月亮遵循自然规律就能长久地普照万物，四季更替能使作物顺利成长；圣人坚守正道就能达到治理天下的目的。通过观察能够反映恒久这一规律的具体实例，我们就不难发现天地万物瞬息万变的规律！

《象传》说：《恒卦》是巽（风）下震（雷）上，卦象为风雷交加，二者相辅相成因而称为《恒卦》。君子效法这一现象，应当坚守正道，丝毫不动摇。

【原文】

**初六：浚恒，贞凶，无攸利。《象》曰：浚恒之凶，始求深也。**

**九二：悔亡。《象》曰：九二悔亡，能久中也。**

**九三：不恒其德，或承之羞，贞吝。《象》曰：不恒其德，无所容也。**

**九四：田无禽。《象》曰：久非其位，安得禽也？**

**六五：恒其德。贞，妇人吉，夫子凶。《象》曰：妇人贞吉，从一而终也。夫子制义，从妇凶也。**

**上六：振恒，凶。《象》曰：振恒在上，上无功也。**

【译文】

初六：不停地向下挖掘，结果必然凶险，没有一点儿好处。《象传》说：不停地向下挖掘之所产生凶险，是因为冒险求深，必招致崩塌之祸。

九二：悔意会消失。《象传》说：《恒卦》的第二爻位（九二）说悔意会消失，是因为它能够恒久地坚守正道。

九三：不能自始至终地保持良好的品德，就会蒙羞，只有守正才能防止遗憾，《象传》说：不能自始至终地保持良好的品德，是说由于贪功冒进，不安分守己，没有恒心，结果为世人所不容。

九四：狩猎没有收获。《象传》说：长期生活在不适宜的环境中，怎么能捕到猎物呢？

六五：始终服从领导，卜问，妇人可以获得吉祥，丈夫则遭遇凶险。《象传》说：女人贞洁守道可以获得吉祥，是说女人一生应该只嫁一夫，终身都不能改嫁他人。丈夫则遇事应当果断处理，如果像女人那样一味顺从，则会遭遇凶险。

上六：犹豫不决，结果必然凶险。《象传》说：统治者朝令夕改，政令无常，结果终将一无所成，不会有所建树。

# 遁卦第三十三

䷠ 艮下　乾上

【易德精要】

遁，有逃、退、隐藏之义。《遁卦》阐述的正是这种以退为守，以守为攻，敛才掩德，伺机图起的政治策略，告诫仁仁君子要认清形势，明哲保身。值得注意的是《遁》不在于隐退，它的退避三舍，掩饰锋芒是为了寻找有利时机，大进，他日必有所作为。

【原文】

**遁：亨。小利贞。**

**《彖》曰：“遁”，“亨”，遁而亨也。刚当位而应，与时行也。“小利贞”，浸而长也。遁之时义大矣哉。**

**《象》曰：天下有山，遁。君子以远小人，不恶而严。**

【译文】

《遁卦》：亨通。有小利的卜问。

《彖传》说：《遁卦》之所以亨通，说明只有隐退避让，才能畅行无阻。强者也要协调好同弱者的关系，根据时势的变化适时退避。君子此时退隐守贞，有利于自身，而无利于国事。小人逐渐得势。因此《遁卦》所揭示的把握时机、及时隐退的意义是重大的。

《象传》说：《遁卦》是艮（山）下乾（天）上，卦象为天下有山，天高山远，故称为《遁卦》。君子应同小人保持一定的距离，彼此划清界限，这样一来，就能震慑住小人。

【原文】

**初六：遁尾，厉。勿用有攸往。《象》曰：遁尾之厉，不往何灾也。**

六二：执之用黄牛之革，莫之胜说。《象》曰：执用黄牛，固志也。

九三：系遁，有疾，厉。畜臣妾，吉。《象》曰：系遁，之厉，有疾惫也。畜臣妾，吉，不可大事也。

九四：好遁，君子吉，小人否。《象》曰：君子好遁，小人否也。

九五：嘉遁，贞吉。《象》曰：嘉遁，贞吉，以正志也。

上九：肥遁，无不利。《象》曰：肥遁，无不利，无所疑也。

【译文】

初六：最后才想到退隐，处境危险。不能有所作为了。《象传》说：逃遁隐藏仍未脱离危险，为什么不背水一战呢？

六二：抓来用黄牛皮绳捆绑起来，难以解脱。《象传》说：虽然被黄牛皮绳捆绑起来，但自己的志向坚定，决不因任何情况而动摇。

九三：由于被牵累而难以隐退，就像疾病缠身那样危险。在这种情况下，就要畜养仆人和侍妾，才能转危为安。《象传》说：由于被牵累而难以隐退，会有危险，就像疾病缠身那样使人疲惫不堪。畜养仆人和侍妾就会吉祥，意思是说要处理好与小人的关系。

九四：心安理得地隐退避让，对君子有利，对小人不利。《象传》说：君子能够做到该退就退，从容自如，而小人却做不到这一点。

九五：适时退隐，值得赞美，吉利的卜问。《象传》说：适时退隐，值得赞美，坚守正道将会获得吉祥，关键是要坚定自己的信念和志向。

上九：远走高飞那样隐退，无所不利。《象传》说：远走高飞那样隐退，无所不利，就在于其所做的一切都是理所当然的，没有什么可怀疑的。

# 大壮卦第三十四

☳☰ 乾下　震上

【易德精要】

大壮，指威力强大，所以是吉卦。从卦象上看，《大壮卦》上卦为震，震为雷；下卦为乾，乾为天。高空响雷，声威浩大。云排雷集，阳气旺盛，喻指国威显赫，国民吐气扬眉；风调雨顺，万物茁壮成长。强大要求正确、光明正大、坚持正义，只有正才能大吉大利。所以君子要严于律己，非礼勿行。大国应安守本分，不可侵略他国，破坏和平。

【原文】

**大壮：利贞。**

**《彖》曰：大壮，大者壮也。刚以动，故壮。大壮“利贞”，大者正也。正大，而天地之情可见矣。**

**《象》曰：雷在天上，大壮。君子以非礼弗履。**

【译文】

《大壮卦》：吉利的卜问。

《彖传》说：《大壮卦》，意思是大的是强壮。阳刚充沛而奋动，所以卦名叫作《大壮卦》。《大壮卦》卦辞说：“吉利、贞正”，是指大而壮者必须坚守正道。如天道、君道、父道皆正，则万物、臣民、家人正，即标正影直。君子认“正大”之理，则可知天地万物之情状。

《象传》说：《大壮卦》的卦象是乾（天）下震（雷）上，象征雷声响彻天空，故称为《大壮卦》。君子应该严于律己，非礼勿行。

【原文】

**初九：壮于趾。征，凶，有孚。《象》曰：壮于趾，其孚穷也。**

**九二：贞吉。《象》曰：九二贞吉，以中也。**

**九三：小人用壮，君子用罔。贞厉，羝羊触藩，羸其**

角。《象》曰：小人用壮，君子罔也。

九四：贞吉，悔亡。藩决不羸，壮于大舆之輹。《象》曰：藩决不羸，尚往也。

六五：丧羊于易。无悔。《象》曰：丧羊于易，位不当也。

上六：羝羊触藩，不能退，不能遂，无攸利。艰则吉。《象》曰：不能退，不能遂，不详也。艰则吉，咎不长也。

【译文】

初九：脚趾强壮。这时如果出兵，虽会招来灾祸，但尚有收获。《象传》说：凭借自身武力优势而侵略他国，虽有收获，但信用扫地。

九二：坚守正道能获得吉祥。《象传》说：《大壮卦》的第二爻位（九二）讲之所以能够坚守正道而获得吉祥，是因为它位置居中。

九三：小人捕兽用力气，君子捕兽则讲求方法，用网围。卜问得险兆。公羊去顶触篱笆，只会把角卡在篱笆中而难以脱身。《象传》说：小人捕兽用力气，君子捕兽则用网围。

九四：卜问获吉祥，悔恨也会消失。因为公羊冲撞篱笆，羊角最终从系累中解脱出来，但又像被车轮撞伤了。《象传》说：冲决篱笆，羊得以脱身，恐其冲撞别处。

六五：羊死在牧场，没什么过失。《象传》说：羊死在牧场，是因为六五爻位置不当。

上六：公羊因顶触篱笆而被缠住了角，进退两难，处境危险。但是，挺过难关，就会获得吉祥。《象传》说：进退两难，是因为料事不周。挺过难关，就会吉祥，说明只要坚持忍耐，灾祸是不会长久的。

# 晋卦第三十五

☲☷ 坤下 离上

【易德精要】

本卦揭示进取、前进之义，服从命令是得到晋升机会的手段，光明正大是取得上进的基础。要想前进，并使事业有更大的发展，一要动机纯正，践行正道，二要深谋远虑，不计较一时的得失，三要得到众人的支持与拥护，取信于民，不要存有侥幸心理，也不要贪得无厌。爻辞以战争为喻，还讲了作战时该如何进攻，涉及战术、战略和士兵素质问题，强调进攻时要勇往直前，不可患得患失，退缩犹豫只能错失战机。

【原文】

晋：康侯用锡马蕃庶，昼日三接。

《彖》曰：晋，进也。明出地上。顺而丽乎大明。柔进而上行，是以“康侯用锡马蕃庶，昼日三接”也。

《象》曰：明出地上，晋。君子以自昭明德。

【译文】

《晋卦》：康侯得到成王赏赐的众多良马，并在一日之内多次得到成王的召见。

《彖传》说：《晋卦》，就是进取。如曙光乍现。以臣子的坦然顺从，符合君主的光明伟大，按照臣子的本分遵循君主的意愿，从而步步前进上升。所以卦辞中才说“康侯得到成王赏赐的众多良马，并且一日之内多次得到成王召见”。

《象传》说：《晋卦》的卦象是坤（地）下离（火）上，离为火，代表光明，象征太阳从地面升起，故称为《晋卦》。所以，君子应该充分显示自己的才华和高尚的品德，发挥自己的作用。

【原文】

初六：晋如，摧如，贞吉。罔孚裕，无咎。《象》曰：

晋如，摧如，独行正地。裕无咎，未受命也。

六二：晋如，愁如，贞吉。受兹介福于其王母。《象》曰：受兹介福，以中正也。

六三：众允，悔亡。《象》曰：众允之，志上行也。

九四：晋如鼫鼠，贞厉。《象》曰：鼫鼠贞厉，位不当也。

六五：悔亡，失得勿恤。往，吉。无不利。《象》曰：失得勿恤，往有庆也。

上九：晋其角，维用伐邑。厉，吉，无咎，贞吝。《象》曰：维用伐邑，道未光也。

【译文】

初六：可战可退，卜问得吉祥。没有捕获俘虏也没掠夺财物，不会有灾祸。《象传》说：可战可退，这是因为将帅能遵循正道，制订正确的军事计划。从容不迫才能克敌制胜，没有灾祸，说明将帅能因势制宜，掌握全局。

六二：攻击敌人，压倒敌人，卜问得吉祥。因为他祖母赐给他的福分。《象传》说：之所以能够受此大福，是因为他位置居中，恪守正道。

六三：众人信任他，万众一心合力进取，没有悔恨。《象传》说：众人信任他，就能实现他的目标。

九四：想向敌人发动进攻，但胆小如鼠，卜问得凶兆。《象传》说：想向敌人发动进攻，但胆小如鼠，卜问得凶兆。是因为他所在的位置不对。

六五：悔恨已经消失，用不着患得患失。只要勇往直前，就会吉祥如意。无所不利。《象传》说：遇到困难别气馁，勇往直前，一定会有吉祥福庆的。

上九：向敌人发动进攻，必须权衡敌我双方的力量，可以考虑攻击敌方的城邑。结局是危险，是吉利，还是没灾祸，卜问困难。《象传》说：考虑攻击敌方的城邑，说明王道未能广泛实行，以致属邑叛乱。

# 明夷卦第三十六

离下　坤上

【易德精要】

《明夷卦》，上卦为坤，坤为地；下卦为离，离为日。卦象为太阳沉入地下，天昏地暗，喻指君子陷于困境，既要坚守自己的节操，又要顺应时势保护好自己。明夷，指日光隐退。《明夷》卦反映的虽是是非混淆、贤者遇难的昏暗事实，但以文王、箕子为例，告诫仁人君子要坚守正道，于黑暗中等待黎明的到来。

【原文】

**明夷：利艰贞。**

**《彖》曰：明入地中，明夷。内文明而外柔顺，以蒙大难，文王以之。“利艰贞”，晦其明也。内难而能正其志，箕子以之。**

**《象》曰：明入地中，明夷。君子以莅众，用晦而明。**

【译文】

《明夷卦》：卜问艰难之事有利。

《彖传》说：太阳沉于地下，故称为明夷卦。如果拥有过人的才能、志向和美德，又能忍让、克制和顺从，就能够承受巨大的灾难，周文王就是这样做的。“在这种情况下，最好是面对艰难困苦，坚守正道，终有所利”，正如太阳隐晦它的光明，但终会脱颖而出，明亮耀眼。因此，内秉光明之德，虽然置身于黑暗和灾难中，仍然能坚守信念，巩固志向，就像处在殷纣王黑暗统治中的箕子那样。

《象传》说：《明夷卦》的卦象是离（火）下坤（地）上，离为火，代表光明，象征太阳沉入地下，天昏地暗，故称为《明夷卦》。君子如果能够遵循这个道理去管理民众，看似糊涂，实则政治清明。

【原文】

**初九：“明夷于飞，垂其翼。君子于行，三日不食。”**

有攸往，主人有言。《象》曰：君子于行，义不食也。

六二：明夷，夷于左股，用拯马壮，吉。《象》曰：六二之吉，顺以则也。

九三：明夷于南狩，得其大首。不可疾贞。《象》曰：南狩之志，乃得大也。

六四：入于左腹，获明夷之心于出门庭。《象》曰：入于左腹，获心意也。

六五：箕子之明夷，利贞。《象》曰：箕之子贞，明不可息也。

上六：不明，晦。初登于天，后入于地。《象》曰：初登于天，照四国也。后入于地，失则也。

【译文】

初九：鸟在昏暗中飞行，低垂着受伤的翅膀。君子离家出行，三天没有饭吃，有所往，则必遭主人责备。《象传》说：君子离家出行，按照礼仪不能蒙羞受食。

六二：鸟的翅膀受了伤，君子负伤，因马获救。吉祥。《象传》说：六二爻讲之所以能够获得吉祥，是因为马听主人的话而又善察人意。

九三：要铲除昏暗的恶势力，但不能急躁冒进，须坐待时机。《象传》说：有到南方征伐巡狩的志向，一定不会无功而返。

六四：世道险恶，还是隐居吧。《象传》说：回到深山里，实现退隐的愿望。

六五：箕子遭难退隐，卜问得吉兆。《象传》说：箕子退隐坚守正道，他高风亮节千古不灭。

上六：太阳下山，天黑了。次日清晨太阳复升，晚上又落下。《象传》说：太阳复升，是说它的光明能够普照四方各国。而后却坠入地下，是说它已经因违背正道而丧失了应有的法则，由光明转入黑暗。

# 家人卦第三十七

离下　巽上

【易德精要】

本卦阐发治家原则和家庭伦理。家是社会的细胞和基础，也是人伦和社会关系的起点。治家和治国的方法、原则是一样的，要讲究阴阳调和，刚柔相济，即本着男刚严、女柔顺，男外女内，父严母慈的原则，父亲为一家之主，负有领导职责，要防患于未然。治家不能太宽容，既要有亲情、相亲相爱的天伦之乐，也要讲规矩、尊卑和威严，不可溺于亲情而放任自流，同时主家者还要以身作则，诚信自律。而父子、兄弟、夫妇还要各安其位，各司其职，分工协作。

【原文】

**家人：利女贞。**

**《彖》曰：家人，女正位乎内，男正位乎外。男女正，天地之大义也。家人有严君焉，父母之谓也。父父，子子，兄兄，弟弟，夫夫，妇妇，而家道正。正家，而天下定矣。**

**《象》曰：风自火出，家人。君子以言有物而行有恒。**

【译文】

《家人卦》：卜问妇女之事吉利。

《彖传》说：《家人卦》表明，对一个家庭来说，女人主内，男人主外。男外女内，合乎常理。家庭中应该有严明持正的家长，这就是父母。对家里的每个人来说，父亲应该负起父亲的职责，儿子应该负起儿子的职责；兄长要有个当兄长的样子，弟弟要有个当弟弟的样子；丈夫尽为人夫的职责，妻子要承担做妻子的责任，如果能够这样，家庭就合乎规范。家庭被治理好，天下也就随之安定有序了。

《象传》说：《家人卦》的卦象是离（火）下巽（风）上，火借风势，风助火威，故称为《家人卦》。君子要言而有信，不能信口开河，行动要合乎规范。

【原文】

初九：闲有家，悔亡。《象》曰：闲有家，志未变也。

六二：无攸遂，在中馈，贞吉。《象》曰：六二之吉，顺以巽也。

九三：家人嗃嗃，悔，厉，吉。妇子嘻嘻，终吝。《象》曰：家人嗃嗃，未失也。妇子嘻嘻，失家节也。

六四：富家，大吉。《象》曰：富家大吉，顺在位也。

九五：王假有家，勿恤，吉。《象》曰：王假有家，交相爱也。

上九：有孚威如，终吉。《象》曰：威如之吉，反身之谓也。

【译文】

初九：防范家里发生意外，没有悔恨。《象传》说：防范家里发生意外，就能防患于未然。

六二：妇人不擅自行事，坚守妇道，执掌家务，卜问一定是吉祥的。《象传》说：《家人卦》的第二爻位（六二）讲之所以能够吉祥如意，是因为它位置居中，顺从而又谦逊。

九三：家庭贫困，家人闷闷不乐，但能辛勤劳作，可以脱贫致富。而富贵之家，骄奢淫逸，家人只知道享乐，终将败落。《象传》说：贫困之家，能辛勤劳作，未失正派家风；富贵之家，一味贪图享乐，则有失勤俭之道。

六四：幸福家庭，大吉大利。《象传》说：幸福家庭，大吉大利，是由六四爻柔顺的本性决定的。

九五：男性家长以身作则，感动他人，不要忧虑，祖先保佑家人，凡事吉祥。《象传》说：家长感动家人，使家庭成员相亲相爱。

上九：有信用和威严，结果一定会获得吉祥。《象传》说：之所以建立尊严和威信能够获得吉祥，是因为家长能严于律己。

# 睽卦第三十八

䷥ 兑下　离上

【易德精要】

睽，意为矛盾。矛盾是作用于事物的统一体，矛盾双方相生相克，二者相互转换，无穷无尽。矛盾是对立的，此消彼长，性质迥然，差别极大，但矛盾双方又有同一性，二者共同作用于事物，成为事物发展的动力。所以《睽卦》要求同存异，推动事物发展。

【原文】

**睽：小事吉。**

**《象》曰：睽，火动而上，泽动而下；二女同居，其志不同行。说而丽乎明，柔进而上行，得中而应乎刚，是以“小事吉”。天地睽而其事同也，男女睽而其志通也，万物睽而其事类也。睽之时，用大矣哉。**

**《象》曰：上火下泽，睽。君子以同而异。**

【译文】

《睽卦》：筮遇此卦，小事吉利。

《象传》说：从《睽卦》的卦象上看，上卦为离，离代表火；下卦为兑，兑代表泽，所以自然而然地就说明了对立的情形。离和兑又分别代表大小两个女儿，因此整个情况就像两个女子虽然住在一起，但志向、情趣、行为却大相径庭。如果以衷心的欢喜愉悦追随附合着光明，凭着柔顺的力量前进向上，且注意做事讲究分寸并顺应阳刚的发展趋势和要求，就会得到卦辞中所讲的“做小事吉利”的结果。天和地性质不同，差别很大，但共同生育万物却如出一辙；男人和女人性别不一样，但男女都渴望组建家庭，繁衍后代；天下万物各有各的形态，但它们生生不息的情景却是一致的。由此看来，《睽卦》所展示的对立的道理和把握时机的意义就太大了。

《象传》说：《睽卦》的卦象是兑（泽）下离（火）上，为水火相遇之象，故称为《睽卦》。君子观此卦象，找出事物的共性，分析它们各自的特点。

【原文】

初九：悔亡。丧马，勿逐，自复。见恶人，无咎。《象》曰：见恶人，以辟咎也。

九二：遇主于巷，无咎。《象》曰：遇主于巷，未失道也。

六三：见舆曳，其牛掣，其人天且劓。无初有终。《象》曰：见舆曳，位不当也。无初有终，遇刚也。

九四：睽孤，遇元夫，交孚。厉，无咎。《象》曰：交孚无咎，志行也。

六五：悔亡。厥宗噬肤。往，何咎？《象》曰：厥宗噬肤，往有庆也。

上九：睽孤，见豕负涂，载鬼一车：先张之弧，后说之弧。匪寇，婚媾。往，遇雨，则吉。《象》曰：遇雨之吉，群疑亡也。

【译文】

初九：悔恨消失。不用去找跑丢的马，它自己就会回来。碰到坏人，不会有什么祸患。《象传》说：碰到坏人，通过这种方法彼此沟通，意在打消别人的恶意。

九二：在小巷中碰到了热情好客的主人，没有什么灾难。《象传》说：在小巷中碰到热情好客的主人，说明没有脱离正道。

六三：一头牛吃力地拉着货车，赶车的人是一个烙了额头又被割掉鼻子的奴隶。虽然开始时是这样困难，但最终还是可以到达自己的目的地。《象传》说：看见一个烙额割鼻的奴隶在拉车，说明六三爻所处的位置不恰当。开始时极为困难，但最终还是可以达到目的，是因为六三阴爻上遇到九四阳爻，如遇贵人相助。

九四：旅人独行，碰见一个跛子，一同被抓，处境危险，但却能免去灾祸。《象传》说：相互信任，虽有危险，但却能免去灾祸，就在于他们齐心协力，团结互助。

六五：悔恨消除。同宗族的人在吃肉。前往有何灾祸呢？《象传》说：同宗族的人在吃肉，表明前往必有喜庆之事。

上九：旅人孤独地走路，看见一头背上涂满泥的猪，又遇见一辆车，拉着一群穿奇装异服的人，于是就拉开了弓准备对付它，但是后来又放下弓。因为冷静下来一看，发现并不是强盗，而是要去订婚的。照常前往，遇到大雨，但获得吉祥。《象传》说：遇上大雨，会获得吉祥，是说原来的种种怀疑都已经烟消云散了。

# 蹇卦第三十九

䷦　艮下　坎上

【易德精要】

本卦告诉人们该如何看待困难、走出困境，同时指出解决困难和走出困境是一个长期的艰苦的过程，不能一蹴而就，但逆境也并非一无是处，处理得好，坏事可变成好事，因为祸福危易之间是可以相互转化的。当然要转危为安是有条件的，需要君子反躬自省，加强自我的道德修养，并聚集起各方力量，确定核心领导，上下齐心协力，才有成功的可能，同时还要选准时机，机智灵活而又适时进退。艰险当前，不可心存侥幸而贪功冒进，应见险知止，但也不能畏缩不前，应积极谋求对策。化险为夷的关键还在于坚守正道，得道多助。

【原文】

**蹇：利西南，不利东北。利见大人。贞吉。**

**《彖》曰：蹇，难也，险在前也。见险而能止。知矣哉。蹇“利西南”，往得中也。“不利东北”，其道穷也。“利见大人”，往有功也。当位“贞吉”，以正邦也。蹇之时，用大矣哉。**

**《象》曰：山上有水，蹇。君子以反身修德。**

【译文】

《蹇卦》：向西南走有利，不利于往东北走。利于会见王公贵族，卜问获得吉祥。

《彖传》说：《蹇卦》，艰难的意思，艰险就在眼前。遇到危险能静下心来而不轻举妄动，这才是明智的做法。《蹇卦》卦辞说，“向西南前进有利”，只有这样行动，才是权宜之计。“不利于向东北方向前进”，是因为会走向绝路。“利于会见王公贵族”，是说在这时如果能够积极行动，就会建功立业。另外，当国家处于危难时，人们只要负起责任，坚守正道，始终如一，就能拯救国家，摆脱困境，因此，《蹇卦》告诉人们该如何面对、解决难题。

《象传》说：《蹇卦》的卦象是艮（山）下坎（水）上，山上存水，不利于行，故称为《蹇卦》。面对这种情况，君子应该很好地反省自己，培养自己良好的操行。

【原文】

初六：往蹇来誉。《象》曰：往蹇来誉，宜待也。

六二：王臣蹇蹇，匪躬之故。《象》曰：王臣蹇蹇，终无尤也。

九三：往蹇来反。《象》曰：往蹇来反，内喜之也。

六四：往蹇来连。《象》曰：往蹇来连，当位实也。

九五：大蹇，朋来。《象》曰：大蹇，朋来，以中节也。

上六：往蹇来硕，吉。利见大人。《象》曰：往蹇来硕，志在内也。利见大人，以从贵也。

【译文】

初六：外出举步维艰，在家则舒服。《象传》说：外出举步维艰，在家则舒服，是告诫人们应知难而退，坐待时机。

六二：王臣屡碰艰难，并不是他自己造成的。《象传》说：王臣屡碰艰难，但不是他的错。

九三：出门时困难重重，归来时笑逐颜开。《象传》说：出门时困难重重，归来时笑逐颜开，是发自内心的喜悦。

六四：出门时艰难，归来时却有车坐。

《象传》说：出门时艰难，归来时却有车坐。是指这一爻所处的位置恰到好处。

九五：处境极为艰难，却有友人相助。《象传》说：处境极为艰难，却有友人相助，因为九五之爻居上卦中位，说明人品行端正，定能逢凶化吉。

上六：出门时困难重重，归来时大有收获，这样做就会吉祥如意。有利于会见王公贵族。《象传》说：出门时困难重重，归来时大有收获，说明志气高昂，奋勇取胜。有利于会见王公贵族，说明应当追随尊贵的君主去建功立业。

# 解卦第四十

䷧ 坎下　震上

【易德精要】

《解卦》，上卦为震，震为雷；下卦为坎，坎为雨。雷雨交加，万物如沐，万象更新；阴阳交合，万物复苏、繁衍。《彖传》说《解卦》有灾难过后万物重生之义。《解卦》要求人处理问题应尊重客观规律，不要无事生非，轻举妄动。但一旦发现该解决的问题就要抓紧解决，不能让小问题演变成大灾难，那样只能让自己束手无策，任凭事态发展，威胁自身利益。

【原文】

**解：利西南，无所往，其来复，吉。有攸往，夙，吉。**

**《彖》曰：解，险以动，动而免乎险，解。解“利西南”，往得众也。“其来复，吉”，乃得中也。“有攸往，夙，吉”，往有功也。天地解而雷雨作，雷雨作而百果草木皆甲坼，解之时，大矣哉。**

**《象》曰：雷雨作，解。君子以赦过宥罪。**

【译文】

《解卦》：利于往西南行，但如果没有目标，则不如返回，返回则能吉祥如意。如果有了目标，就应该及时早行，早行才能获得吉祥。

《彖传》说：《解卦》的下卦是坎，上卦是震，身处险境而又能够有所行动，有所行动就会脱离困境，所以称为《解卦》。《解卦》卦辞说，“利于往西南方向行事”，是因为西南代表众人，如果能为他们排忧解难，就必然会得到他们的拥戴。“返回去吉祥如意”，是因为这样做符合事物发展的规律。“如果有了目标，就应该迅速采取行动，早行才能获得吉祥”，说明只要能够解脱灾难，就一定会建功立业，这表明天地的对立差异一旦得到交融和解，如同春雷震荡，甘霖润泽，就会使天下所有的果木花草突破种子的外壳而展露出勃勃生机。由此看来，脱灾解祸的意义实在是太大了！

《象传》说：《解卦》的卦象是坎（水）下震（雷）上，坎在本卦中代表雨。为春雷阵阵，春雨潇潇，万物生长，故称为《解卦》。因此，君子也应该宽恕别人，体谅他们，使他们在宽松的环境下，得到解脱、重获新生。

【原文】

**初六：无咎。《象》曰：刚柔之际，义无咎也。**

**九二：田获三狐，得黄矢。贞吉。《象》曰：九二贞吉，得中道也。**

**六三：负且乘，致寇至，贞吝。《象》曰：负且乘，亦可丑也，自我致戎，又谁咎也？**

**九四：解而拇，朋至斯孚。《象》曰：解而拇，未当位也。**

**六五：君子维有解，吉，有孚于小人。《象》曰：君子有解，小人退也。**

**上六：公用射隼于高墉之上，获之，无不利。《象》曰：公用射隼，以解悖也。**

【译文】

初六：卜问没有灾祸。《象传》说：处在刚柔相济、相辅相成的地位，喻君臣、夫妻同舟共济，应当没什么灾祸。

九二：打猎时捕获三只狐狸，又从狐狸身上得到了铜箭头。卜问得吉祥。《象传》说：《解卦》的第二爻位（九二）之所以能获得吉祥，是因为它能够遵循中正之道，符合事物发展的规律。

六三：肩负重担，却又坐在华丽的大车上，招来强盗抢掠。卜问得灾祸之卦象。《象传》说：肩负重担，却又坐在华丽的大车上必然引来横祸，这样的行为简直是太愚蠢了。由于自己的原因而招致盗寇，这又能怪谁呢？

九四：赚了钱却懒散地不想走，结果成了俘虏。《象传》说：懒怠不想动，说明其人怠于职守，不称其位。

六五：君子被人捆走了又获释，吉祥。小人则将受罚。《象传》说：君子重获自由而主政，小人自己就会畏惧退避的。

上六：王公在高高的城墙上，用箭射中一只鹰，并且抓到它，没有什么不吉利的。《象传》说：王公射鹰，意在除强去暴。

# 损卦第四十一

兑下　艮上

【易德精要】

损，意为减少，损害、损坏。从卦象看，《损卦》，上卦为艮，艮为山；下卦为兑，兑为水。上山下水，有水蚀山根之象。卦象提醒人们，剥削民众则损害利国之本，害人则伤德，损益与否，谁损谁益要慎之又慎。损应有一定的标准，要利人、利己，更要利公，三者不能保全时应先利公，再利人，己最后，应以国家、社会大局为重。

【原文】

**损：有孚，元吉，无咎，可贞。利有攸往。曷之用？二簋可用享。**

**《彖》曰：损，损下益上，其道上行。损而“有孚，元吉，无咎，可贞。利有攸往。曷之用？二簋可用享”。二簋应有时，损刚益柔有时。损益盈虚，与时偕行。**

**《象》曰：山下有泽，损。君子以惩忿窒欲。**

【译文】

《损卦》：得俘虏，大吉大利，没有灾祸，是称心的卜问。所往将有利。用什么祭祀神灵呢？而簋粗淡的食物就足够了。

《彖传》说：《损卦》，就是盘剥百姓供给王族，呈现出自下而上的运行方式。要这么做必须“取得众人的信任，这样才能达到最好的效果。用什么祭祀神灵呢？两簋粗淡的食物就足够了”。应注意，这种用两簋粗食祭亨神灵的做法，一定要按照时机进行，减损阳刚去使阴柔一方受益也要适逢其时、恰如其分地进行。减损和增益、充实和空虚，都应该顺应天时的变化。

《象传》说：《损卦》的卦象是兑（泽）下艮（山）上，为山下有湖泽之象，湖泽渐深而山渐高，故称为《损卦》。君子由此应该抑制狂怒暴躁的脾性，克制自己的欲望。

【原文】

**初九：已事遄往，无咎。酌损之。《象》曰：已事遄往，尚合志也。**

**九二：利贞。征，凶。弗损，益之。《象》曰：九二“利贞”，中以为志也。**

**六三：三人行则损一人，一人行则得其友。《象》曰：一人行，三则疑也。**

**六四：损其疾，使遄有喜，无咎。《象》曰：“损其疾”，亦可喜也。**

**六五：或益之十朋之龟，弗克违，元吉。《象》曰：六五元吉，自上祐也。**

**上九：弗损益之，无咎，贞吉。利有攸利。得臣无家。《象》曰：弗损益之，大得志也。**

【译文】

初九：祭祀的大事要赶快前去参加，这样才不会遭祸。可适量减少祭品。《象传》说：祭祀大事要赶快前去参加，表达了对鬼神的敬畏。

九二：吉利的卜问。侵略他国会有凶险。这样做不会削弱他国实力，反而使之受益。《象传》说：《损卦》的第二爻位（九二）讲之所以是吉利的卜问，是因为九二天爻居下卦中位，像人行事坚守正道。

六三：三个人同行，必有一人受到排斥；一个人独行，就会专心一意地寻求伙伴，最终必定能遇到志同道合的朋友。《象传》说：一个人独行无牵无挂，没什么可计较的。三个人同行，则会相互猜疑而各持己见。

六四：要消除疾病，要赶快求巫祭神，病很快就会好，不会有任何灾祸。《象传》说：为消除疾病而去求巫祭神，也是可喜之事。

六五：有人送来价值十朋的大宝龟，盛情难却，大吉大利。《象传》说：《损卦》的第五爻位（六五）讲之所以获得大吉大利，是因为有天庇护。

上九：用不着自我减损就可以使他人增益，没有不利的地方，占卜的结果十分吉利。有所往则必获利，定能获得一单身奴隶。《象传》说：用不着自我减损就可以使他人增益，是因为权衡好各自的利益，皆大欢喜。

# 益卦第四十二

䷩ 震下　巽上

【易德精要】

《益卦》中“益”是增加、有利的意思。与《损卦》之义相互对立，构成一组卦。如果说，《损卦》着重讲损下益上，《益卦》则侧重于损上益下。不过在《益卦》卦辞里，“益”指一切利民的事，强调如果想为民谋福、使国家兴盛，就要积极行动，不能只放空炮，守株待兔。

【原文】

**益：利有攸往。利涉大川。**

**《彖》曰：益，损上益下，民说无疆，自上下下，其道大光。“利有攸往”，中正有庆。“利涉大川”，木道乃行。益动而巽，日进无疆。天施地生，其益无方。凡益之道，与时偕行。**

**《象》曰：风雷，益。君子以见善则迁，有过则改。**

【译文】

《益卦》：利于有所往。利于渡河涉水。

《彖传》说：《益卦》，减免赋税，缓解民众压力、减轻人民负担，广大民众内心喜悦无限。皇恩浩荡广施民间，这种体恤民情的精神必定会大放光芒。“利于有所往”，是因为坚守正道，一定能有所作为。“利于渡河涉

水”，就是说借助于舟楫和桥梁的便利，前进的道路将会畅通无阻。想体恤民情，就要果断采取行动，又要能尊屈敬贤，逐渐培养温婉谦逊的态度。就好比上天降下雨露，大地承受而滋生万物一样，这种增益活动不受地域限制，遍及四面八方。总的来看，减免赋税，是百姓受益的关键所在，就是要掌握时机酌情进行。

《象传》说：《益卦》的卦象是震（雷）下巽（风）上，为狂风和惊雷互相激荡，相得益彰，故称为《益卦》。君子看到良好的行为就该学习，发现错误就马上改正，以不断增强自身的美好品德。

【原文】

初九：利用为大作，元吉，无咎。《象》曰：元吉，无咎，下不厚事也。

六二：或益之十朋之龟，弗克违。永贞吉。王用享于帝，吉。《象》曰：或益之，自外来也。

六三：益之用凶事，无咎，有孚，中行告公用圭。《象》曰：益用凶事，固有之也。

六四：中行告公，从，利用为依迁国。《象》曰：告公从，以益志也。

九五：有孚，惠心勿问，元吉。有孚，惠我德。《象》曰：有孚，惠心勿问之矣。惠我德，大得志也。

上九：莫益之，或击之，立心勿恒，凶。《象》曰：莫益之，偏辞也，或击之，自外来也。

【译文】

初九：利于大兴土木，大吉大利，并无灾祸。《象传》说：大吉大利，并无灾祸，表明百姓不甘落后，努力工作。

六二：有人送来价值十朋的大乌龟，盛情难却。无论何时占卜其结果都是吉祥的。君王如果在此时祭祀天神，也会如愿以偿获得吉利。《象传》说：有人赐予宝龟，这是意外的收获。

六三：举办丧事要增加礼数，没有灾祸。但要心诚，行为适当，还要禀报王公。《象传》说：因举办丧事而增加礼数，符合常理。

六四：途中报告周公，周公听从了，并将殷商的遗民分封给各封国。《象传》说：周公听从王命，说明君臣同心。

九五：诚心博取人们的信任，不用追究，大吉大利。这些俘虏将感戴我的恩德。《象传》说：诚心博取人们的信任，不用追究，使他们感戴我的恩德，说明这样可以笼络人心。

上九：没有人帮助他，倒是有人来攻击他，虽然想施恩于民却不能持之以恒，必然会凶险临头。《象传》说：没有人来帮助他，这是普遍的说法。有人攻击他，却超乎他的意料。



# 夬卦第四十三

䷪ 乾下　兑上

【易德精要】

夬，音(guài)，有清除之义。《夬卦》认为，君子应力排奸佞小人，决不手软，确保发展大局。围绕这一主旨，卦辞提出君子必须让大家认清小人的真面目，认识小人的危害，并在不影响大局的情况下铲除那些害群之马。这要求君子要下狠心根除身边的隐患。

【原文】

**夬：扬于王庭，孚号："有厉。"告自邑："不利即戎。"利有攸往。**

**《彖》曰：夬，决也。刚决柔也。健而说，决而和。"扬于王庭"，柔乘五刚也。"孚号有厉"，其危乃光也。"告自邑，不利即戎"，所尚乃穷也。"利有攸往"，刚长乃终也。**

**《象》曰：泽上于天，夬。君子以施禄及下，居德则忌。**

【译文】

《夬卦》：王庭里正跳舞作乐。有人呼告："有敌人来犯。"邑中传来命令："不要轻举妄动，此时出兵不利。"有所往则吉利。

《彖传》说：《夬卦》，就是决断的意思。刚能克柔。刚健而又和悦，办事果敢，但又能与人相处融洽。"小人被举用于王庭"，这是因为上六阴爻居于全卦阳爻之上。"小人窃位，发号施令，声厉词严"，是说小人得势，蕴藏着危机。"邑中传来命令说出击不利"，因为出兵作战，崇尚武力，是穷国之道。"利有所往"，是说上六之爻，孤悬独立，阳刚之爻再增进一步，则全卦纯阳，意味着小人失势，君子得势。

《象传》说：《夬卦》的卦象是乾（天）下兑（泽）上，为湖水蒸发上天，即化为雨倾注而下之象，故称为《夬卦》。君子应该自觉地向民众广施恩德，只要是品德高尚的人就该提拔任用。

【原文】

初九：壮于前趾，往，不胜为咎。《象》曰：不胜而往，咎也。

九二：惕号，莫夜有戎，勿恤。《象》曰：有戎勿恤，得中道也。

九三：壮于頄，有凶。君子夬夬独行，遇雨若濡，有愠，无咎。《象》曰：君子夬夬，终无咎也。

九四：臀无肤，其行次且。牵羊悔亡，闻言不信。《象》曰：其行次且，位不当也。闻言不信，聪不明也。

九五：苋陆夬夬中行，无咎。《象》曰：中行无咎，中未光也。

上六：无号，终有凶。《象》曰：无号之凶，终不可长也。

【译文】

初九：鲁莽行事，不考虑自己的能力而招致灾祸。《象传》说：明明超出能力范围还硬要做，将招致灾祸。

九二：忽然听到惊叫声，深夜敌人来犯，用不着担忧。《象传》说：深夜敌人来犯，用不着担忧，这是因为九二爻处在下卦的中位，不偏不倚。

九三：满面怒容，有凶险。君子仓促独行，即使遇上大雨浑身湿透，而心怀恼怒，却不会有任何灾祸。《象传》说：君子仓促独行，但没有灾祸。

九四：屁股蹭破了皮，走起路来自然不方便。若是紧紧牵着羊行走，就不会为丢羊之事而后悔，这是因为不肯听人良言相劝。《象传》说：走起路来步履维艰，是因为所处位置失当。不肯听取别人的劝告，说明不明事理。

九五：细角山羊在路上跳得很快，没有灾祸。《象传》说：行中正之道，只得暂时无灾祸，大概是九五爻的内容有问题。

上六：无人听从号令，预兆着终将有凶险之事。《象传》说：没人听从号令，其势必然凶险，说明国运衰败，终不可保。

# 姤卦第四十四

巽下　乾上

【易德精要】

《姤》，即交合。《姤卦》与《夬卦》卦象相对，构成一组卦。从卦象看，《姤》上卦为乾，乾为天；下卦为巽，巽为风。天下有风，吹指万物，阴阳相交，万物盛壮。此卦相喻指君主在上，教化臣民，风行天下，受到百姓的拥戴，得人心则利于治国。天地、男女、君臣，相识相知尽在一个缘字，是否能融洽相处，相得益彰，受时间、场合等多种条件限制，强求不得。

【原文】

**姤：女壮，勿用取女。**

**《彖》曰：姤，遇也，柔遇刚也，“勿用取女”，不可与长也。天地相遇，品物咸章也。刚遇中正，天下大行也。姤之时，义大矣哉。**

**《象》曰：天下有风，姤。后以施命诰四方。**

【译文】

《姤卦》：女子太强壮，不适合娶来做妻子。

《彖传》说：《姤卦》，就是相遇，即阴阳相遇。“不适合娶来做妻子”，是因为女子过分强壮，遇到的男子当不止一个，娶来做妻子恐怕过不长。天与地相遇却是另一种情形，天下万物均受到滋养而蓬勃壮大。君臣如果分居其位而又坚守正道，就能畅行天下。以上种种相遇的情况表明，《姤卦》的现实意义真是太伟大了！

《象传》说：《姤卦》的卦象是巽（风）下乾（天）上，风行天下，万物相从，故称为《姤卦》。正如风吹拂大地一样，君王也应该施教于天下，让天下人耳闻目睹。

【原文】

**初六：系于金柅。贞吉。有攸往，见凶。羸豕孚蹢躅。《象》曰：系于金柅，柔道牵也。**

**九二：包有鱼，无咎，不利宾。《象》曰：包有鱼，义不及宾也。**

**九三：臀无肤，其行次且。厉，无大咎。《象》曰：其行次且，行未牵也。**

**九四：包无鱼。起凶。《象》曰：无鱼之凶，远民也。**

**九五：以杞包瓜，含章，有陨自天。《象》曰：九五含章，中正也。有陨自天，志不舍命也。**

**上九：姤其角，吝，无咎。《象》曰：姤其角，上穷吝也。**

【译文】

初六：细线系在纺车轮上的铜把手上，占卜结果会很吉祥。若卜问出行，得凶兆。就像瘦弱的猪烦躁不安。《象传》说：细线系在纺车轮上的铜把手上，是说柔被刚牵制，像弱者依附于强者。

九二：厨房里有鱼，不会有灾祸，但不宜拿来请客。《象传》说：厨房里有鱼，是不宜用鱼来招待客人的。

九三：屁股上蹭破了皮，走起路来很困难。会遇到危险，但不会有大的灾祸。《象传》说：走起路来很困难，是因为没有人扶持。

九四：厨房里没有鱼。凶兆。《象传》说：厨房里没有鱼而引起凶险，如同君主失去民众的支持，脱离民众，当然会发生凶险。

九五：用杞树枝叶包住瓜，外表很好看。忽然瓜从头顶掉落。《象传》

说：《姤卦》的第五爻位（九五）讲内心怀着美好的品德，表明虽处尊位，却能够坚守中道，心地纯正。自天上陨落，说明高尚的志行不得施行，不惜以死铭志。

上九：碰上野兽的长角，虽有危险，不过也不会有大的灾祸。《象传》说：碰上野兽的长角，因为上九阳爻居一卦之尽头，像人处于困境。

# 萃卦第四十五

䷬ 坤下 兑上

【易德精要】

《萃卦》从卦象上看：上卦为兑，兑为水；下卦为坤，坤为地。水漫大地，洪水横流，喻指政事繁杂，危机四伏。卦象提醒做领导的要尊重事实，任人唯贤，防患于未然。萃，意为聚集。我们必须明确认识这种“聚集”，物以类聚，人以群分，自然、社会都是在这种聚集状态下生存、进化、发展的。认真观察万物聚合的现象，就能发现万物发展的自然规律。

【原文】

**萃：亨。王假有庙。利见大人，亨，利贞。用大牲，吉。利有攸往。**

**《彖》曰：萃，聚也。顺以说，刚中而应，故聚也。“王假有庙”，致孝亨也。“利大见人，亨”，聚以正也。“用大牲，吉，利有攸往”，顺天命也。观其所聚，而天地万物之情可见矣。**

**《象》曰：泽上于地，萃。君子以除戎器，戒不虞。**

【译文】

《萃卦》：亨通。君王到宗庙里祭祀。占得此卦利于会见王公贵族，亨通，这是吉利的卜问。用牛做祭品，能够带来吉祥。有所往吉利。

《彖传》说：《萃卦》，就是聚集的意思。顺应事理，取悦人心，君子坚守正道，互相和应，这就是聚集了。“君王到宗庙里祭祀神灵”，主要是向神灵奉献祭品，以表敬畏之情。“利于会见王公贵族，亨通”，意思是说君子集党成派，是本着光明正大的原则，而非私心驱动。“用牛做祭品能够带来吉祥如意，有所往则有利”，这是顺应天命的举动，因而十分有利。观察这种万物聚合的现象，就能总结出天地间万物发展的自然规律。

《象传》说：《萃卦》是坤（地）下兑（泽）上，卦象为地上有湖，涓涓细流源源不断汇入湖中，故称为《萃卦》。因此君子应当整治军备，以防不测。

【原文】

**初六：有孚不终，乃乱乃萃，若号，一握为笑，勿恤。往，无咎。《象》曰：乃乱乃萃，其志乱也。**

**六二：引吉，无咎。孚乃利用禴。《象》曰：引吉，无咎，中未变也。**

**六三：萃如嗟如。无攸利。往无咎，小吝。《象》曰：往无咎，上巽也。**

**九四：大吉，无咎。《象》曰：大吉，无咎，位不当也。**

**九五：萃有位，无咎。匪孚，元永贞，悔亡。《象》曰：萃有位，志未光也。**

**上六：赍咨涕洟，无咎。《象》曰：赍咨涕洟，未安上也。**

【译文】

初六：虽有诚意，但不能坚持到底，引起纷乱和忧虑，大家呼叫着四处追捕。追到了众人又化怒为笑，用不着忧虑，此行没什么不利。《象传》说：纷乱和忧虑，是因为众人神志不清醒。

六二：占得此爻，大吉大利，没有害处。用人牲做祭品有利于春祭。《象传》说：大吉大利，没有灾祸，这是因为该爻位置居中而适当，像人虔诚地遵循中庸之道始终不曾改变。

六三：聚会时不停地感叹。无所利。此行无所为利，只是有一点儿小小麻烦。《象传》说：前去行事不会遇到灾祸，这是因为居于下方的阴柔一方总是很谦虚，服从领导，从而免去了可能出现的灾祸。

九四：大吉大利，没有灾祸。《象传》说：虽有大吉大利的贞兆，但结果仅仅是没有灾祸，这是因为九四爻所处位置不当。

九五：聚会时身居君位，不会遇到灾难。不要轻易责罚别人，卜问长期的吉凶，没有大的悔恨。《象传》说：聚会时身居君位，结果仅仅是没有灾祸，因为无法实现建功立业的志向。

上六：叹气流泪，但不会遇到灾祸。《象传》说：叹气流泪，是因为上六不安于卦的最上方。

# 升卦第四十六

䷭ 巽下　坤上

【易德精要】

《升卦》描述了事物由小到大、由低到高的成长过程。《象传》中将这一过程比成树木，从幼苗长成参天大树，这一过程是缓慢的，有其特定的周期，要顺应它的成长规律，切不可拔苗助长。人也是这样，要从小处着手，在培养自己良好习惯的同时提高自身修养，最终成为有识之士、有为之材。

【原文】

**升：元亨，用见大人，勿恤。南征吉。**

**《彖》曰：柔以时升，巽而顺，刚中而应，是以大"亨"，"用见大人，勿恤"，有庆也。"南征吉"，志行也。**

**《象》曰：地中生木，升。君子以顺德，积小以高大。**

【译文】

《升卦》：大吉大利，有利于会见王公贵族，不用担心。出征南方吉祥。

《彖传》说：本卦的初爻为阴，是柔按时上升，谦逊而又温顺，刚与柔遥相呼应，因此十分亨通吉祥。"有利于会见王公贵族，用不着担心"，是因为上升过程中有贵人相助，必定会一帆风顺，常有喜庆临门。"出征南方吉祥"，比喻前途光明，能实现自己的抱负。

《象传》说：《升卦》的卦象是巽（风）下坤（地）上，而巽又象征树木，这就好比树木生长之象。树木由小到大，由低到高，故称为《升卦》。君子观此卦要通过顺应自然规律来加强自我品德的修养，积累微小的进步来塑造高大完美的人格。

【原文】

初六：允升，大吉。《象》曰：允升，大吉，上合志也。

九二：孚乃利用禴，无咎。《象》曰：九二之孚，有喜也。

九三：升虚邑。《象》曰：升虚邑，无所疑也。

六四：王用亨于岐山。吉，无咎。《象》曰：王用亨于岐山，顺事也。

六五：贞吉，升阶。《象》曰：贞吉，升阶，大得志也。

上六：冥升，利于不息之贞。《象》曰：冥升在上，消不富也。

【译文】

初六：前进上升，大吉大利。《象传》说：前进上升，大吉大利，是说其上升正合乎心意。

九二：春祭宜用俘虏做人牲，则无灾祸。《象传》说：九二爻辞讲祭祀要有诚意，必有喜庆之事。

九三：登上高丘上的城邑。《象传》说：登上高丘上的城邑，这是因为高瞻远瞩，对自己的行为充满信心。

六四：周王在岐山祭祀神灵，吉祥如意，没有灾祸。《象传》说：周王在岐山祭祀神灵，是顺天行事。

六五：卜问得吉兆，所卜问之事将逐步发展。《象传》说：信守正道，自然吉利，事业必然逐步发展，说明能如愿以偿。

上六：深夜不眠，勤勉不息地工作，吉祥的卜问。《象传》说：上六爻辞讲深夜不眠，因为上天之爻据一卦之首，爻位孤悬，其人虽处高位，但环境不利，不过，勤于职守则可以消灾得福。

# 困卦第四十七

☵☱ 坎下　兑上

【易德精要】

《困卦》，从卦象看，上卦为兑，兑为阴，为泽，下卦为坎，坎为阳，为水，大泽漏水，池水浅薄，水草鱼虾则身受穷困之苦。此卦喻指君子没有施展才能的机会，处于困境。《困卦》强调，人处于困境时要有能亨通的信念，不气馁，为实现自己的志向，不惜牺牲自己的生命，坚持自己的气节、操守。只有矢志不渝地不懈努力，才能走出困境，实现自己的理想。

【原文】

**困：亨。贞大人吉，无咎。有言不信。**

**《彖》曰：困，刚掩也。险以说，困而不失其所，“亨”，其唯君子乎？“贞大人吉”，以刚中也。“有言不信”，尚口乃穷也。**

**《象》曰：泽无水，困。君子以致命遂志。**

【译文】

《困卦》：亨通。卜问王公贵族之事吉祥，没有灾祸。此时口说无凭，不能当真。

《彖传》说：《困卦》，就是讲阳刚之气受阻难以施展的原因。身处困境但对未来充满希望，恐怕只有君子才能做到这样吧！“卜问王公贵族之事吉祥”，是因为强悍的阳刚之气居于中坚地位，象征大人物意志坚定、奉行中庸之道，必然迎来吉祥。“此时许下的诺言很难令人相信”，换句话说，此时如果一味说大话，只会令自己更窘迫。

《象传》说：《困卦》的卦象是坎（水）下兑（泽）上，为泽中无水之表象，故称为《困卦》。作为君子应该身处穷困而对未来充满希望，为实现自己的志向，不惜牺牲生命。

【原文】

初六：臀困于株木，入于幽谷，三岁不觌。《象》曰：入于幽谷，幽不明也。

九二：困于酒食，朱绂方来，利用享祀。征，凶。无咎。《象》曰：困于酒食，中有庆也。

六三：困于石，据于蒺藜，入于其宫，不见其妻，凶。《象》曰：据于蒺藜，乘刚也。入于其宫，不见其妻，不祥也。

九四：来徐徐，困于金车吝，有终。《象》曰：来徐徐，志在下也。虽不当位，有与也。

九五：劓刖，困于赤绂，乃徐有说，利用祭祀。《象》曰：劓刖，志未得也。乃徐有说，以中直也。利用祭祀，受福也。

上六：困于葛藟，于臲卼，曰动，悔有悔。征，吉。《象》曰：困于葛藟，未当也。动，悔有悔，吉行也。

【译文】

初六：屁股挨了板子，被投入黑暗的牢房中，三年不见光明。《象传》说：退隐到幽深的山谷里，暗示此人不明事理。

九二：沉溺于酒食之中，穿朱红色服装的王公贵族即将来到，应当用丰美的酒食祭祀神灵。出兵征战即使没什么战绩，也不会有什么损失。《象传》说：沉溺于酒食之中，坚守正道，当有喜庆之事。

六三：困在乱石中，手攀在蒺藜上，刚刚回到家中，妻子又失踪了，凶险之兆。《象传》说：手攀在蒺藜上，是攀附于豪强。回家不见妻子，这是不祥之兆。

九四：慢慢地走来，原来是被关押在囚车里。会遇到一些困难，但最终会有好的结局。《象传》说：慢慢地走来，表明不奢望飞黄腾达，一心想着礼贤下士来摆脱困境；虽然所处地位不妥当，不能胜任职务，却能得到志同道合者的支持。

九五：被割掉鼻子、剁断脚，身为高官却被困。后来慢慢地得以脱身，应当虔诚地祭祀神灵。《象传》说：被割掉鼻子、剁断脚，表明郁郁不得志。后来慢慢地得以脱身，因为九五之爻居上卦中位，说明人立身正直，自能化险为夷，虔诚地祭祀神灵，是祈求鬼神保佑，承受其福荫。

上六：困在有刺葛藤中，在动荡不安的环境里，不宜有所行动，否则不知该有多后悔。卜问出征则吉祥。《象传》说：困在有刺葛藤中，说明所处位置不妥当。悔悟到动则招悔，必能谦慎行事才能吉祥如意。

# 井卦第四十八

䷯ 巽下　坎上

【易德精要】

《井卦》，上卦为坎，坎为水；下卦为巽，巽为木。上坎下巽，表示树木得到水的滋灌，蓬勃生长。水是人类生存的重要条件，水井是居民的重要生活设施。《易》以井为卦名，反映劳动与生活、自然条件与人类生存的依赖关系。井水无穷无尽，孜孜不倦地养育着人们，《井卦》劝勉君子应效法这种美德，不辞辛劳地为大众谋福，倡导助人为乐的社会风尚。

【原文】

**井：改邑不改井，无丧无得。往来井，井汔至，亦未繘井，羸其瓶，凶。**

**《彖》曰：巽乎水而上水，井。井养而不穷也。“改邑不改井”，乃以刚中也。汔至，亦未繘井”，未有功也。“羸其瓶”，是以凶也。**

**《象》曰：木上有水，井。君子以劳民劝相。**

【译文】

《井卦》：改建城邑而不改建水井，没什么实在意义。周围的人都到井里汲水，水井干涸淤塞却没人淘洗，还把汲水瓶打破了，这是凶兆。

《彖传》说：顺应水的自然特性把水汲到地面上，这就是《井卦》。水井养育世人永远不会枯竭。“改建城邑而不改建水井”，是充满阳刚之气而且坚守中庸之道的缘故，所以可以以不变应万变，保持相对稳定性。“周围的人都到井里来汲水，水井干涸淤塞，也不加以淘洗”，是说井快不能用了。“把汲水瓶打破了”，自毁用具，势必发生凶险。

《象传》说：《井卦》的卦象是巽（木）下坎（水）上，是说水分沿着树身上行，直达树冠，为井水源源不断地被汲引到地表，因此称为《井卦》。井水无穷无尽，孜孜不倦地养育着人们，君子应当效法井的这种精神，不辞劳苦地为大众谋利，倡导助人为乐的社会风尚。

【原文】

初六：井泥不食。旧井无禽。《象》曰：井泥不食，下也。旧井无禽，时舍也。

九二：井谷射鲋。瓮敝漏。《象》曰：井谷射鲋，无与也。

九三：井渫不食，为我心恻。可用汲。王明，并受其福。《象》曰：井渫不食，行恻也。求王明，受福也。

六四：井甃，无咎。《象》曰：井甃，无咎，修井也。

九五：井洌寒泉，食。《象》曰：寒泉之食，中正也。

上六：井收勿幕，有孚，元吉。《象》曰：元吉在上，大成也。

【译文】

初六：井底淤满了污泥不能饮用。年久失修的老井连鸟兽都不来光顾。《象传》说：井底淤满了污泥不能饮用，因为泥土落入其中。年久失修的老井连鸟兽都不来光顾，是说这口井已经弃置不用了。

九二：在井口射井中小鱼。打破了汲水用的瓦器。《象传》说：在井口射井中小鱼。如此谋食求生，可见其人无依无靠。

九三：井水污浊不能饮用，为此我感到伤心。淘洗干净，就可汲用。希望贤明的君主能将井修好，为民谋福。《象传》说：井水污浊却不能饮用，触景生情，感叹颇深。盼求君王英明，是期望获得好处。

六四：垒砌砖石加固井壁，不会遇到灾祸。《象传》说：垒砌砖石加固井壁，不会遇到灾祸，这是说修井是做善事。

西周 · 周公

九五：井水清澈明净，甘甜凉爽，可供人饮用。《象传》说：清凉的井水可供人饮用，这是因为九五爻处在上卦中位，象征人坚守正道，内心纯正无私。

上天：陷阱口修好，不要盖上，有收获，大吉大利。《象传》说：上六爻大吉大利，因为它处在《井卦》最上面的位置，说明其人当了大官，大有成就。

# 革卦第四十九

䷰ 离下 兑上

【易德精要】

本卦阐明变革思想。变则通，通则久，事物处在永恒的变化之中。当矛盾激化、腐败迹象暴露出来时，就要积极改革，但变革是有条件的，一要根据事物发展特点，顺应自然规律，选择适当时机，势在必行时才能大胆变革；二要光明正大，合乎民心民意，并具有摧枯拉朽之势和彻底性，使人心悦诚服；三要变革者以身作则，动机纯正和使用正当手段，不急功好利，并且考虑问题要全面细致。只有这样，才能保证变革的成功。

【原文】

革：巳日乃孚，元亨，利贞。悔亡。

《彖》曰：革，水火相息，二女同居，其志不相得曰革。“巳日乃孚”，革而信之。文明以说，大“亨”以正。革而当，其“悔”乃“亡”。天地革而四时成。汤武革命，顺乎天而应乎人。革之时，大矣哉。

《象》曰：泽中有火，革。君子以治历明时。

【译文】

《革卦》：祭祀之日用俘虏做祭品，亨通，吉利的卜问。悔恨终将消失。

《彖传》说：《革卦》，如水火不容，又似两女共事一夫，她们互相争宠，势不两立，终将生变，这些就是《革卦》。“祭祀之日，诚心诚意向神诉说自己的美德”，是说改革后，人们会拥戴他。君王既能施仁政，民众自然心悦诚服，因此他的道德称得上是伟大、完美、贞正。改革得当，就能消除灾难。天地之间由于变革而形成了春、夏、秋、冬四个季节。殷汤灭夏桀、周武王灭殷纣王，都是依顺上天的规律又顺应民众的事，变革的时代实在是伟大啊！

《象传》说：《革卦》的卦象是离（火）下兑（泽）上，为泽中有火之表象。大水可以灭火，大火也可以使水蒸发，如此，水火相克相生，故称为《革卦》。君子观此卦象，了解到泽水涨落、草木枯荣的周期变化，从而修订历法，明定时令。

【原文】

**初九：巩用黄牛之革。《象》曰：巩用黄牛，不可以有为也。**

**六二：巳日乃革之。征，吉，无咎。《象》曰：巳日乃革之，行有嘉也。**

**九三：征，凶，贞厉。革言三就，有孚。《象》曰：革言三就，又何之矣。**

**九四：悔亡。有孚，改命，吉。《象》曰：改命之吉，信志也。**

**九五：大人虎变，未占有孚。《象》曰：大人虎变，其文炳也。**

**上六：君子豹变，小人革面。征，凶。居贞吉。《象》曰：君子豹变，其文蔚也。小人革面，顺以从君也。**

【译文】

初九：用黄牛皮加固战车。《象传》说：用黄牛皮加固战车，因为初九在卦的最下位，所以没什么作为。

六二：要改变祭祀的日期。重新占卜出征必获吉祥，不会有灾祸。《象传》说：要改变祭祀的日期，可能有喜事。

九三：出师不利，卜问得凶兆。但是若振奋精神，重整旗鼓，则能转败为胜，生擒强敌。《象传》说：总是改革，说明改革的效果不好。

九四：悔恨已经消除，小有战绩，若改帅易将，则将大吉。《象传》说：改帅易将之所以是吉祥的，是因为这样能使有才德的人施展抱负。

九五：王公贵族变得像虎那般威猛，不用占卜就能打胜仗。《象传》说：王贵族变得像老虎那般威猛，表明其神情严肃，其美德光照天下。

上六：君子变得像豹子那样威猛，基层官兵却一蹶不振。出征会有凶险。卜问居处则可以得到吉祥。《象传》说：君子变得像豹子那样威猛，说明君子的文采丰富。小人洗心革面，说明小人去恶从善，服从领导。

# 鼎卦第五十

䷱ 巽下 离上

【易德精要】

《鼎卦》，上卦为离，离为火；下卦为巽，巽为木。干柴烈火，是炊煮之象。炊煮用鼎，鼎是古人极为重视的器皿，用于庄重场合，具有丰富的象征意义，比如王位、帝业。用鼎煮物，有养贤之意。化生物为熟物，有变革之义。鼎有三足，又有稳重之象。《鼎卦》就是寓鼎言政。

【原文】

**鼎：元吉，亨。**

**《彖》曰：鼎，象也。以木巽火，亨饪也。圣人亨以享上帝，而大亨以养圣贤。巽而耳目聪明，柔进而上行，得中而应乎刚，是以“元亨”。**

**《象》曰：木上有火，鼎。君子以正位凝命。**

【译文】

《鼎卦》：大吉大利，亨通。

《彖传》说：《鼎卦》，是说此卦好比古代烹饪的鼎。鼎的内卦为巽，巽为木；外卦为离，离为火。木柴被火燃烧，这是在烹饪食物。圣人烹饪食物以祭祀天帝，进而大规模地烹饪食物以供养圣贤，使他们甘心为君主效力，而君主能推行自己的主张，坚守正道又能礼贤下士，所以说此卦大吉大利。

《象传》说：《鼎卦》的卦象是巽（木）下离（火）上，表示木材在燃烧，象征烹饪，故称为《鼎卦》。君子应当像三足两耳的鼎那样端正而稳重，不辱使命。

【原文】

初六：鼎颠趾，利出否。得妾以其子，无咎。《象》曰：鼎颠趾，未悖也。利出否，以从贵也。

九二：鼎有实。我仇有疾，不我能即，吉。《象》曰：鼎有实，慎所之也。我仇有疾，终无尤也。

九三：鼎耳革。其行塞。雉膏不食，方雨，亏，悔，终吉。《象》曰：鼎耳革，失其义也。

九四：鼎折足，覆公悚，其形渥，凶。《象》曰：覆公悚，信如何也。

六五：鼎黄耳、金铉。利贞。《象》曰：鼎黄耳，中以为实也。

上九：鼎玉铉。大吉，无不利。《象》曰：玉铉在上，刚柔节也。

【译文】

初六：将鼎翻个个儿使鼎足向上，利于清除恶人。就好像娶妾可以生子一样，不会发生灾祸。《象传》说：将鼎翻个个儿使鼎足向上，这不是悖乱之举。利于清除恶人，也是服从上级领导。

九二：鼎中盛满了食物，衣食无忧。我的仇家有疾病，不能把我怎么样，是吉祥的。《象传》说：鼎中盛满了食物，衣食无忧，应该谨慎行事，不要盲目出行。仇家有了疾病，没有外患，可以安享清福，所以没什么可担心的。

九三：鼎耳脱落了，无法将插杠插入鼎耳移鼎，无法烤制鲜美的野鸡肉。天正下雨，落入鼎中，美味亏损，有点遗憾，最终还可以获得吉祥。《象传》说：鼎耳脱落，是说鼎不宜移动，暗示人行为不当。

九四：鼎的足折断了，王公鼎里的美味倾倒出来了，鼎身沾染上污物，凶险。《象传》说：王公鼎里的美味倾倒出来了，哪里还有什么信誉可言呢！

六五：鼎配上铜耳，插上铜杠，有利于卜问。《象传》说：鼎配上铜耳、铜杠，是由于六五爻居中，有利可图。

上九：鼎耳插上玉制的横杠。十分吉祥，不会有什么不利。《象传》说：玉制的横杠插在鼎上，表明刚柔相济，互相调节。

# 震卦第五十一

䷲　震下　震上

【易德精要】

《震卦》所说的“震”，不是讲人胆小怕事，有风吹草动就坐立不安，而是指震惊中外的变故，以及针对这些变故的应急措施。平时，应随时保持警惕，经常检查自己的行为得失，防微杜渐，防患于未然；如果遇到突发事件，要沉着、冷静，积极面对，寻求最合理的解决方式。



【原文】

**震：亨，震来虩虩，笑言哑哑。震惊百里，不丧匕鬯。**

**《彖》曰：震，“亨”。“震来虩虩”，恐致福也。“笑言哑哑”，后有则也。“震惊百里”，惊远而惧迩也。出可以守宗庙社稷，以为祭主也。**

**《象》曰：洊雷，震。君子以恐惧修省。**

【译文】

《震卦》：祭祀时，雷鸣地颤，有的人吓得浑身发抖，过了好一会儿才恢复常态。巨雷震响，震惊百里，有的人却神态自若，拿勺子舀酒，一滴酒都没洒出来。

《彖传》说：《震卦》，祭祀之时。“雷鸣地颤，有些人吓得浑身发抖”，表明恐惧而又敬畏天象，可免祸得福。“后来听到雷声仍能谈笑如故”，说明了解了自然规律从而有了经验。“即使雷声震惊百里之遥”，说明百里之内，远近皆惧。“镇静自若，持勺子不洒出酒来”，说明其人与众不同，胆量非凡，可以守宗庙，保社稷，成为祭祀的主人。

《象传》说：《震传》的卦象是震（雷）下震（雷）上，雷相重叠响雷不断，故称为《震卦》。君子应找出自己恐惧的原因，修身省过。

【原文】

初九：震来虩虩，后笑言哑哑，吉。《象》曰：震来虩虩，恐致福也。笑言哑哑，后有则也。

六二：震来厉，亿丧贝，跻于九陵。“勿逐，七日得”。《象》曰：震来厉，乘刚也。

六三：震苏苏。震行，无眚。《象》曰：震苏苏，位不当也。

九四：震遂泥。《象》曰：震遂泥，未光也。

六五：震往来厉。亿无丧有事。《象》曰：震往来厉，危行也。其事在中，大无丧也。

上六：震索索，视矍矍，征凶。震不于其躬，于其邻。无咎，婚媾有言。《象》曰：震索索，未得中也。虽凶无咎，畏邻戒也。

【译文】

初九：初次听响雷，吓得浑身发抖，后来听到雷声仍谈笑如常，吉祥。《象传》说：初次听响雷，吓得浑身发抖，表明恐惧而又敬畏天象，能够致福。后来听到雷声仍谈笑如常，是说明后来熟悉自然规律。

六二：电闪雷鸣，有危难，惊慌中丢失了钱币，翻山越岭始终没找到。筮者说：不必追寻它，待到七天自会失而复得。《象传》说：电闪雷鸣，有危难，六二阴爻凌驾于初九阳爻之上，处境危险。

六三：响雷时虽恐惧不安，但是因为恐惧而能谨慎行事，因此不会有灾祸。《象传》说：响雷恐惧不安，说明六三爻所处的位置不适当。

九四：雷电闪击地面。《象传》说：其人猝闻惊雷，吓得掉进污泥中，不能自拔，说明其人见识浅，胆量小。

六五：雷鸣地抖，恐有危难。只要小心谨慎，不至于酿成灾祸，亦无损于事。《象传》说：雷鸣地抖，恐有危难，指人的行动有危险。但能因恐惧而谨慎行动，处事恪守中道，没什么大碍。

上六：因为害怕响雷而畏缩不前，目光飘移不定，惶恐不安，如果行动就会有凶险。但是雷电不会击在他身上，而是落在邻人头上。因为他没有过错，而邻人却犯有罪责。《象传》说：因为害怕响雷而畏缩不前，因为上六爻其位不正；虽然有凶险却不致受害，这是因为能吸取邻人的教训，因而能防患于未然。

# 艮卦第五十二

䷳ 艮下　艮上

【易德精要】

《艮卦》，同卦相叠，艮为山，山为止，即本卦为止而又止；艮又是注视，即加强注意。卦辞说只顾其背，不顾全身，也就是说只顾局部不顾整体，是没用的。讨论整体与局部的关系是哲学的一个重要课题。《艮卦》在当时具有相当积极意义。艮作止义，止与行构成一对矛盾，《艮卦》辩证地分析了止与行的关系，知止方行，行而当止。

【原文】

（艮）：艮其背不获其身，行其庭不见其人。无咎。

《象》曰：艮，止也。时止则止，时行则行，动静不失其时，其道光明。艮其止，止其所也。上下敌应，不相与也。是以不获其身，行其庭不见其人，无咎也。

《象》曰：兼山，艮。君子以思不出其位。

【译文】

《艮卦》：只注意自己的背，却不保护身体的其他部位，在他的庭院中也没找到他。没有灾祸。

《象传》说：《艮卦》，就是静止。该止则止，应行就行，要适时行止，切莫错失良机，把握这一原则，前景就会光明。只注意他的背，待在家里，因为腹背受敌，无法协调，连自身也无法保全。所以朝中看不到他，在他家院子里也找不到他。其人明哲保身，应不会有凶险。

《象传》说：《艮卦》的卦象是艮（山）下艮（山）上，为两山重叠之象，故称为《艮卦》。君子观此卦象，应以此为戒，切合实际，不要做超出自己能力范围的事。

【原文】

**初六：艮其趾，无咎，利永贞。《象》曰：艮其趾，未失正也。**

**六二：艮其腓，不拯其随，其心不快。《象》曰：不拯其随，未退听也。**

**九三：艮其限，列其夤，厉，熏心。《象》曰：艮其限，危熏心也。**

**六四：艮其身，无咎。《象》曰：艮其身，止诸躬也。**

**六五：艮其辅，言有序，悔亡。《象》曰：艮其辅，以中正也。**

**上九：敦艮，吉。《象》曰：敦艮之吉，以厚终也。**

【译文】

初六：歇歇脚，不轻举妄动，这样就不会有灾祸，卜问长期的事有利。《象传》说：歇歇脚，不轻举妄动，这就说明没有失去正道。

六二：站立不前，负了伤，他心里肯定不痛快。《象传》说：站立不前，负了伤，是说其人固执己见，不肯听取别人的意见及时收手。

九三：卸下担子，缓解腰部压力，但已拉伤脊背，危险就像火一样烧灼他的心。《象传》说：卸下担子，缓解腰部压力，说明注意力不全面，那么危险就像火一样烧灼他的心。

六四：为保全自己而隐退，可免灾。《象传》说：为保全自己而退隐，是说其人注意力全放在自己身上。

六五：沉默寡言，说话很有条理，自然没有悔恨。《象传》说：沉默寡言，说明六五爻居于中位能守中正之道。

上九：注意保护自己的身体，吉祥。《象传》说：注意保护自己的身体之所以吉祥，是因为此人生性忠厚，必得善终。

# 渐卦第五十三

䷴ 艮下　巽上

【易德精要】

本卦以鸿鸟的飞行及女子出嫁为喻，形象生动地阐述了循序渐进的道理。鸿鸟展翅高飞是由水边，到石上、陆地、树上、山丘、高山，一步步由低到高、由近到远发展的，女子出嫁也是如此。可以说事物的发展都遵循这种渐进规律，即都是由小到大，积少成多，当量变积累到一定程度后，才能引起质变。时机不成熟，不能勉强行事，在量变过程中要遵从客观规律和正道，并且脚踏实地，这样才会前途光明，否则就会劳而无功。

【原文】

渐：女归吉。利贞。

《彖》曰：渐之进也。“女归吉”也，进得位，往有功也。进以正，可以正邦也。其位刚得中也。止而巽，动不穷也。

《象》曰：山上有木，渐。君子以居贤德善俗。

【译文】

《渐卦》：女大当嫁是吉利的事。吉祥的卜问。

《彖传》说：《渐卦》，就是渐进的意思。如同女大当嫁是吉利的事，因为女子进夫家，成为家庭主妇，能持家。循序渐进又能坚守正道，就可以治国安邦。居于显贵之位，刚健而得中道，知道适可而止又谦逊，不贸然行事，如此循序渐进，就不会陷入困境。

《象传》说：《渐卦》的卦象是艮（山）下巽（风）上，表明高山上的树木逐渐长大，故称为《渐卦》。君子观此卦有所感，于是培养自己的良好品德，移风易俗。

【原文】

初六：鸿渐于干。小子厉，有言，无咎。《象》曰：

小子之厉，义无咎也。

六二：鸿渐于磐，饮食衎衎。吉。《象》曰：饮食衎衎，不素饱也。

九三：鸿渐于陆。夫征不复。妇孕不育。凶。利御寇。《象》曰：夫征不复，离群丑也，妇孕不育，失其道也。利用御寇，顺相保也。

六四：鸿渐于木，或得其桷，无咎。《象》曰：或得其桷，顺以巽也。

九五：鸿渐于陵。妇三岁不孕，终莫之胜，吉。《象》曰：终莫之胜，吉，得所愿也。

上九：鸿渐于阿，其羽可用为仪，吉。《象》曰：其羽可用为仪，吉，不可乱也。

【译文】

初六：鸿雁飞进山涧。象征着年幼无知的孩子有危险，只要对孩子严加管教就不会有灾祸。《象传》说：年幼无知的孩子有危险，只要家长及时纠正孩子的错误，孩子就不会误入歧途。

六二：鸿雁飞起来逐渐前进到水边的石堆上，饱餐一顿，自得其乐，吉祥。《象传》说：饱餐一顿，自得其乐。说明其人自食其力，从不吃白食。

九三：鸿雁飞起来逐渐飞到陆地。好比男子出征一去不复返。妇女怀孕可能流产，这是凶险之兆。但有利于抵御强寇。《象传》说：丈夫远去出征而不复还，说明他可能和同伴走散遇险。妇人怀孕而流产，说明其人保胎方式不当。但有利于抵御强寇，说明人们团结一心，保卫家园。

六四：鸿雁飞起来逐渐前进到树上，有的找到利于栖息的桷木，这样就没有灾祸。《象传》说：有的找到利于栖息的桷木。说明六四阴爻居于九五阳爻之下，像人柔顺和谦逊。

九五：鸿雁飞起来逐渐前进到丘陵上，好比妻子多年不能怀孕，但丈夫始终不离不弃，吉祥。《象传》说：丈夫对妻子始终不离不弃，这是吉祥之事，实现了夫妇白头偕老的愿望。

上九：鸿雁飞起来逐渐前进到高山之上，它漂亮的羽毛可以用来编织舞具，吉祥。《象传》说：漂亮的羽毛可以用来编织舞具，吉祥，说明鸿雁的羽毛纯而不杂，像人做事专心致志。

# 归妹卦第五十四

☱☳ 兑下　震上

【易德精要】

归，出嫁。妹是少女的总称。《归妹卦》，上卦为震，下卦为兑，震为动，兑通"悦"，上震下悦，指男女之间产生爱慕之情，男女有情则要动婚，女子将出嫁。兑本为泽，为水，所以卦象又有雷震泽动，即相从之象，这就要求女子从夫。但《归妹卦》提出男女要相悦才结合，谈婚论嫁要考虑白头偕老，考虑到婚姻生活中的磕磕绊绊，在当时实属难得，值得肯定。

【原文】

归妹：征，凶。无攸利。

《彖》曰：归妹，天地之大义也。天地不交，而万物不兴。归妹，人之终始也。说以动，所归妹也。"征凶"，位不当也。"无攸利"，柔乘刚也。

《象》曰：泽上有雷，归妹。君子以永终知敝。

【译文】

《归妹卦》：出征会有凶险，不能克敌制胜。

《彖传》说：《归妹卦》，即男女婚配，这是再自然不过的事了。宇宙间天地阴阳如果不交相感应，万物就不会繁衍生息，兴旺发达。婚嫁，是与人类繁衍的基础。因为彼此喜欢从而萌生喜悦之情，所以称为《归妹卦》。卦辞说："出征则有凶险"，这是说所居的位置不适当。卦辞说："无所利"，是因为刚柔相克，阴阳失调。

《象传》说：《归妹卦》的卦象是兑下、震上，兑为泽，震为雷，兑又代表少女，震又代表男娶女入门，故称为《归妹卦》。君子应当保持夫妻间和谐的关系，与妻子白头偕老，从中体察到婚姻的成功与失败。

【原文】

初九：归妹以娣。跛能履。征，吉。《象》曰：归妹以娣，以恒也。跛能履，吉，相承也。

九二：眇能视，利幽人之贞。《象》曰：利幽人之贞，未变常也。

六三：归妹以须，反归以娣。《象》曰：归妹以须，未当也。

九四：归妹愆期，迟归有时。《象》曰：愆期之志，有待而行也。

六五：帝乙归妹，其君之袂不如其娣之袂良。月几望，吉。《象》曰：帝乙归妹，不如其娣之袂良也。其位在中，以贵行也。

上六：女承筐，无实；士刲羊，无血。无攸利。《象》曰：上六无实，承虚筐也。

【译文】

初九：嫁女而让该女子的妹妹一同陪嫁。跛脚而能奋力向前走。筮遇此爻，出行吉祥。《象传》说：嫁女而让该女子的妹妹一同陪嫁，这是婚嫁中的常规。跛脚而能奋力前行，出行吉利，是因为跛者有人相助。

九二：眼睛瞎了仍能看到东西，这是对囚犯有利的卜问。《象传》说：这是有利于囚徒的卜问，因为身陷囹圄尚能坚守正道，故能重见光明。

六三：嫁少女而让少女的姐姐陪嫁，随后将其妹返归父母家。《象传》说：嫁少女而让少女的姐姐陪嫁，这样做不太好。

九四：待嫁少女错过该嫁人的年龄，迟迟不嫁是坐待良机。《象传》说：超过婚龄而不嫁，是为等如意郎君。

六五：帝乙把女儿嫁给周文王，让小女儿陪嫁。论嫁妆，姐姐的不如妹妹的艳丽华美。婚期定于某月中旬，吉祥。《象传》说：帝乙嫁女于周文王，姐姐的嫁妆不如妹妹的艳丽华美。说明虽身居中位，十分尊贵，却能保持勤俭谦虚的美德。

上六：女子捧着盛祭品的筐篮，但筐中没有实物；男子用刀刺羊，却不见出血。不吉利。《象传》说：《归妹卦》的第六爻位（上六）讲空虚无实，就好比手持空空的篮筐一样。

# 丰卦第五十五

离下　震上

【易德精要】

《丰卦》，上卦为震，震为雷，下卦为离，离为电。电闪雷鸣，是丰卦区别于其他六十三卦的卦象。人们因雷鸣而警戒修身，因闪电而明察事理，必然会成就一番轰轰烈烈的大事业。《彖传》说“宜照天下”，正是太阳盛大之时，但紧接着又说“日中则昃”，即日光过中午就要倾斜，正说明盈虚消长的客观规律，提示人们在兴盛时要有戒备心，居安而思危。

【原文】

**丰：亨，王假之。勿忧，宜日中。**

**《彖》曰：丰，大也。明以动，故丰。“王假之”，尚大也。“勿忧，宜日中”，宜照天下也。日中则昃，月盈则食，天地盈虚，与时消息，而况于人乎？况于鬼神乎？**

**《象》曰：雷电皆至，丰。君子以折狱致刑。**

【译文】

《丰卦》：祭祀之时，君王亲临宗庙。不用担心，最佳时辰当在正午时分。

《彖传》说：《丰卦》，就是指盛大丰满。人能明察事理，依理而行，一定能取得丰硕成果，故称为《丰卦》。“亲临宗庙祭祀”，说明君王对祭祀的事很重视。“不用担心，最佳时辰在正午时分”，因为正午太阳当头可以普照天下。正午后，太阳就会西斜，出现满月之后就会亏蚀。天地日月有盈有亏，随着时间的变化而消长，何况是人？更何况是鬼神呢？

《象传》说：《丰卦》离下、震上，离为闪电，震为雷，卦象表现为电闪雷鸣，故称之《丰卦》。君子应该像雷电那样，厘清案情，按法施行。

【原文】

初九：遇其配主，虽旬，无咎。往有尚。《象》曰：虽旬无咎，过旬灾也。

六二：丰其蔀。日中见斗。往得疑疾。有孚发若。吉。《象》曰：有孚发若，信以发志也。

九三：丰其沛，日中见沫。折其右肱。无咎。《象》曰：丰其沛，不可大事也。折其右肱，终不可用也。

九四：丰其蔀，日中见斗。遇其夷主，吉。《象》曰：丰其蔀，位不当也。日中见斗，幽不明也。遇其夷主，吉行也。

六五：来章，有庆誉。吉。《象》曰：六五之吉，有庆也。

上六：丰其屋，蔀其家，窥其户，阒其无人，三年不觌，凶。《象》曰：丰其屋，天际翔也。窥其户，阒其无人，自藏也。

【译文】

初九：旅途中有个女人盛情款待了他，他就和这位寡居的女人结成夫妻。人们非但不会非议他们，反而会支持他们在一起。《象传》说：十天内不会有灾祸，意思是过了十天就可能会有灾祸了。

六二：将小席摆在一起，躺下休息。正午时分，出现北斗星。贸然前进会招致猜疑，若诚心感化，还是吉利的。《象传》说：存心诚信，一言一行都能表现出来，因为这是坦露了心声。

九三：加厚铺草，躺下休息。正午时分，出现鬼魅。如同折断右臂，无所作为。《象辞》说：加厚铺草，这起不了什么大的作用。如果右臂折断了，那他这辈子就废了。这预示他将无用武之地。

九四：将小席拼在一起，躺下休息。正午时分，出现北斗星，投奔与自己实力相当的人，可获吉祥。《象传》说：将小席拼在一起，随地休息，方位不对，正如九四阳爻而处于阴位一样。正午时分看见北斗，说明处于迷暗不明的环境。投奔与自己实力相当的人，这是吉利之行。

六五：吸引有文采的人，大家都庆贺夸奖他，他能名利双收。这是吉利之兆。《象传》说：六五爻辞所讲的吉利，是因为有吉庆之事。

上六：房子空荡荡的，屋顶上散乱盖着草席，从门缝里探视，屋徒四壁，看样子屋子荒弃许多年了。这是不祥之兆。《象传》说：整修房屋，看来此人如鸟飞蓝天，踌躇满志，能发大财。从门缝里探视，空无一人，看来钱多了引祸上身，他逃生去了。

# 旅卦第五十六

☲☶ 艮下　离上

【易德精要】

本卦为异卦相叠。上卦为离，离为火；下卦为艮，艮为山。山上燃火，是野居在外的卦象。“在家百日好，出门万般难”，我国自古便把背井离乡看成万难之事。《旅卦》针对人们这种心理讲了如何在离家时一帆风顺，摆脱“难”的困扰。

【原文】

**旅：小亨。旅贞吉。**

**《彖》曰：旅，“小亨”，柔得中乎外，而顺乎刚，止而丽乎明，是以“小亨。旅贞吉”也。旅之时，义大矣哉。**

**《象》曰：山上有火，旅。君子以明慎用刑，而不留狱。**

【译文】

《旅卦》：稍见亨通。卜问旅行，吉利。

《彖传》说：《旅卦》，是稍见亨通。像旅人行中正之道，得到强者的庇护，如高山正直，沐浴在阳光中，所以卦辞说“稍见亨通。出行合乎道义，必逢吉祥”。旅途中一定要顺义而行，伺时而动！

《象传》说：《旅卦》的卦象是艮（山）下离（火）上，为火势迅速蔓延之表象，故称为《旅卦》。君子观此卦象，应慎用刑罚，慎重判决，既不滥施刑罚，又不能迟迟不结案。

【原文】

初六：旅琐琐，斯其所，取灾。《象》曰：旅琐琐，志穷灾也。

六二：旅即次，怀其资，得童仆，贞。《象》曰：得童仆，贞，终无尤也。

九三：旅焚其次，丧其童仆，贞厉。《象》曰：旅焚其次，亦以伤矣。以旅与下，其义丧也。

九四：旅于处，得其资斧，我心不快。《象》曰：旅于处，未得位也。得其资斧，心未快也。

六五：射雉，一矢亡，终以誉命。《象》曰：终以誉命，上逮也。

上九：鸟焚其巢，旅人先笑后号咷，丧牛于易。凶。《象》曰：以旅在上，其义焚也。丧牛于易，终莫之闻也。

【译文】

初六：旅人疑心重，犹豫再三还是离开住所，结果自招灾祸。《象传》说：旅人疑心重，犹豫再三还是说明旅人郁郁不得志。

六二：旅客住在旅舍，携带钱财，买得一男仆，卜问得吉祥。《象传》说：买得一男仆，卜问得吉祥，是说一定能达成交易。

九三：旅途中旅舍失火，新买的男仆乘乱跑掉，卜问得凶兆。《象传》说：旅途中旅舍失火，一定会蒙受损失。旅人与其男仆同住，男仆乘乱跑掉，是情理之中的事。

九四：旅人回到住处，赚了不少钱，但心里仍然不痛快。《象传》说：旅人回到旅舍的住处，心情依然不好，因为那毕竟不是长久栖身之地。赚了不少钱，但由于失去男仆，故此时心中仍不畅快。

六五：射野鸡，一发命中，其人因而博得善射的美名。《象传》说：因为善射被人称道，当官的也有所耳闻。

上九：鸟巢被烧毁，旅人的邑落被抢劫，先前的幸福生活一去不返，眼前的悲惨境地直让人掉眼泪。在狄人那里失去了牛，有凶险。《象传》说：作为旅客却在异乡身居高位，他的住所被烧毁也是意料中的事。在狄人那里失去了牛，也没有人来慰问，也是意料之中的事。

# 巽卦第五十七

☴☴ 巽下　巽上

【易德精要】

《巽卦》，巽下巽上，巽为风，两巽相重，有长风相随之象。巽字篆文像二人跪在地上，表顺服之意。同时“巽”又有渗人、深人的意思。《巽卦》就是要臣子重申上面的意旨，只有顺从君主的正确领导才有好的结果，虽不符合谦逊之道，得罪民众也在所不惜。

【原文】

**巽：小亨，利有攸往，利见大人。**

**《彖》曰：重巽以申命。刚巽乎中正而志行。柔皆顺乎刚，是以“小亨，利有攸往，利见大人”。**

**《象》曰：随风，巽。君子以申命行事。**

【译文】

《巽卦》：稍见亨通，利于出行，利于会见王公贵族。

《彖传》说：两个巽卦上下重叠，意在重申上面的意旨。阳刚者行为果敢、刚毅、公正，深得人心，令人信服，他的志向和抱负才能实现，而阴柔者能以恭谨的态度听从强者差遣，所以说“稍见亨通，利于出行，利于会见王公贵族”。

《象传》说：《巽卦》的卦象是巽下、巽上，巽为风，为风无孔不入之表象，故称为《巽卦》。具有贤良公正美德的君主应当仿效风行万物，万物顺从之象，申明政令，推行政事。

【原文】

**初六：进退，利武人之贞。《象》曰：进退，志疑也。利武人之贞，志治也。**

**九二：巽在床下，用史巫纷若，吉，无咎。《象》曰：**

纷若之吉，得中也。

九三：频巽，吝。《象》曰：频巽之吝，志穷也。

六四：悔亡，田获三品。《象》曰：田获三品，有功也。

九五：贞吉，悔亡，无不利。无初有终。先庚三日，后庚三日，吉。《象》曰：九五之吉，位正中也。

上九：巽在床下，丧其资斧，贞，凶。《象》曰：巽在床下，上穷也。丧其资斧，正乎凶也。

【译文】

初六：进退听命，这是对武人有利的卜问。《象传》说：进退听命，是因为自己没有主见。武人应该有坚定的意志，这样才能临危不乱。

九二：趴在床，祝史、众巫士纷纷祷告，吉祥，没有什么灾祸。《象传》说：纷纷祷告之所以会得到吉祥，是因为九二爻能够居中守正。

九三：勉强顺从，心里肯定不痛快。《象传》说：勉强顺从，心里肯定不痛快，是说无法实现理想，只能委曲求全。

六四：没有悔恨，打猎时捕到各种猎物。《象传》说：打猎时捕到各种猎物，说明围猎大有收获。

九五：卜问得吉兆，悔恨会消失，万事皆顺利。虽然起初不顺利，但结果不错，时日定在丁日或癸日，其事一定成功。《象传》说：《巽卦》的第五爻位（九五）之所以讲吉祥，是因为它居于正位，守持正道，始终谨言慎行。

上九：趴在床下，损失了钱财，卜问结果是凶险的。《像传》说：趴在床下，正是上九阳爻穷途末路之象。破财，是凶兆。

周文王

# 兑卦第五十八

兑下　兑上

【易德精要】

本卦劝人向善，保持和睦关系，即倡导与人为善、团结友爱，说话做事和颜悦色，使彼此心情舒畅，和谐融洽。这是比较理想的人际关系，但做到这一点并不容易，它需要内有主见，刚毅持重，外则谦逊和气，尊重别人，但这并不是鼓励对别人阿谀谄媚，或不分是非一味逢迎巴结。故与人建立和悦的关系是好事，但要以贞正为先决条件，即不仅要明辨是非，光明正大，还要求大同存小异，坚持原则，并要远离那些奸佞小人，抵制他们的口蜜腹剑，以免落入圈套。

【原文】

**兑：亨。利贞。**

**《彖》曰：兑，说也。刚中而柔外，说以“利贞”，是以顺乎天而应乎人。说以先民，民忘其劳。说以犯难，民忘其死。说之大，民劝矣哉。**

**《象》曰：丽泽，兑。君子以朋友讲习。**

【译文】

《兑卦》：亨通。吉利的卜问。

《彖传》说：《兑卦》，就是高兴的意思。说明阳刚居中，坚守正道，对外则谦柔恭顺，使人民喜悦，即有利于民而又坚守正道，所以能够秉承客观规律而又切合人意。贤君明主无论做任何事情，只要自己不怕麻烦，乐此不疲，民众就会忘却一切劳苦艰辛；假如自己敢冒风险、打头阵，民众则会视死如归；由此说来，欣悦的意义是那样宏大，可以使民众自我勉励啊！

《象传》说：《兑卦》的卦象是兑下、兑上，兑为泽、为水，两兑相重，为泽水并连之象。泽水相通滋润，彼此受益，因此称为《兑卦》。君子应当效法这一精神，愿意和志同道合的朋友一道研讨学业、讲习道义。

【原文】

初九：和兑，吉。《象》曰：和兑之吉，行未疑也。

九二：孚兑，吉，悔亡。《象》曰：孚兑之吉，信志也。

六三：来兑，凶。《象》曰：来兑之凶，位不当也。

九四：商兑未宁，介疾有喜。《象》曰：九四之喜，有庆也。

九五：孚于剥，有厉。《象》曰：孚于剥，位正当也。

上六：引兑。《象》曰：上六引兑，未光也。

【译文】

初九：和睦欢喜，吉利。《象传》说：和睦喜悦之所以吉祥，是因为行为诚信端正，不被人猜疑。

九二：因诚信取悦于人，故而得到吉祥，没有悔恨。《象传》说：因诚信取悦于人，故而得到吉祥，说明为人诚实，可靠，能获得好的结果。

六三：以收服众人为乐，蕴藏着凶险。《象传》说：以收服众人为乐，蕴藏着凶险，是居位不当的缘故。

九四：和解之事尚未达成协议，然而有希望化解彼此的矛盾。《象传》说：《兑卦》的第四爻位（九四）所讲的喜，即是指将有庆贺之事。

九五：听信小人的谗言，必有危险。《象传》说：听信小人的谗言，只可惜它所居的正当之位了。

上六：引导大家和睦相处。《象传》说：《兑卦》的第六爻位（上六）说明，引诱别人一起享乐，不是光明正大的品德。

# 涣卦第五十九

䷺ 坎下 巽上

【易德精要】

涣，即涣散，有散布教化的意义。又自济涣之义，故改变吉。《象》说“风行水上”，风比喻德育教化的传播。“先王以享于帝”，正是神道设教，散布教谕来巩固君主的统治地位，是教化的主要形式。当时认为神道设教是有利于巩固统治的，肯定其存在，这是时代和历史的局限。

【原文】

涣：亨，王假有庙。利涉大川。利贞。

《彖》曰：涣，“亨”，刚来而不穷，柔得位乎外而上同。“王假有庙”，王乃在中也。“利涉大川”，乘木有功也。

《象》曰：风行水上。涣。先王以享于帝，立庙。

【译文】

《涣卦》：亨通，因为君王亲临祠庙祭祀神灵以祈求保佑。利于涉水过江河。这是吉利的卜问。

《彖传》说：涣卦，亨通，阳刚之士居于阴柔中而不困穷，阴柔者对外居于正位，而与阳刚者同心协力，共济大事。“君主去祠庙祭祀神灵，以祈求其保佑”，是说贤明的君主能凝聚人心，而使自己成为大家的领导核心。“有利于涉过大川河流”，是说只要大家心往一处想，劲往一处使，乘着木船也能穿越惊涛险浪到达成功的彼岸。

《象传》说：《涣卦》是坎下、巽上，坎为水，巽为风，卦象表现为风行水上，故称为《涣卦》。先王因此而祭祀天帝，修建庙宇。

【原文】

初六：用拯马壮，吉。《象》曰：初六之吉，顺也。

九二：涣奔其机，悔亡。《象》曰：涣奔其机，得愿也。

六三：涣其躬，无悔。《象》曰：涣其躬，志在外也。

六四：涣其群，元吉，涣有丘，匪夷所思。《象》曰：涣其群，元吉，光大也。

九五：涣汗其大号，涣王居，无咎。《象》曰：王居无咎，正位也。

上九：涣其血去逖出，无咎。《象》曰：涣其血，远害也。

【译文】

初六：洪水突来，乘马逃奔，仓促间不慎跌伤，所幸没被淹死，吉利。《象传》说：《兑卦》的第一爻位（初六）讲之所以是吉祥的，是因为其能顺承阳刚，像马听从人的命令。

九二：洪水奔涌，冲毁房基。幸免遇难，没有悔恨。《像传》说：水流冲刷污垢，正中心意。

六三：洪水冲到身上，有惊无险，因此没有什么悔恨。《象传》说：洪水冲刷他的身体，说明此人志向远大。

六四：洪水冲向人群，幸运的是人群聚集在山丘上，否则后果不堪设想。《象传》说：洪水冲刷百姓，表明君王的教化得以广泛施行，品行高尚。

九五：洪水暴涨，淹没国都，王宫也进了水，但没有大的灾祸。《象传》说：王宫没受灾，是因为九五爻居于正位，行事端正。

上九：洪水退去，忧患消除，但仍要保持警惕，这样就不会有什么灾祸。《象传》说：摆脱血光之灾，是远离灾祸之道。

# 节卦第六十

䷻ 兑下　坎上

【易德精要】

本卦谈节制之道。勤俭节约是中华民族的传统美德，也是事物发展的客观规律。人的欲望是无穷的，必须适当加以节制，过与不及都会造成不应有的伤害。节制是为了抑制过度的欲望，故应以顺乎自然、合乎规律为准，不能过分节制、勉强自己，更不能为节制而节制。节制虽非快乐，但也不能说是痛苦，应视为一种理性的自觉选择和事物发展的必然规律。

【原文】

节：亨。苦节，不可贞。

《彖》曰："节，亨"。刚柔分而刚得中。"苦节，不可贞"，其道穷也。说以行险，当位以节，中正以通。天地节而四时成。节以制度，不伤财，不害民。

《象》曰：泽上有水。节。君子以制数度，议德行。

【译文】

《节卦》：亨通。若以节制为苦，恐怕卜问不出是吉是凶。

《彖传》说：《节卦》，意味着亨通。这是因为阴阳有别而阳刚居中。卦辞说“若以节制为苦，测不出是吉是凶”，说明如果不适当节制自己的行为，就会身败名裂。心情愉悦就能振奋精神勇于赴险，给自己准确定位就能适当约束自己，把握好适当的尺度，做任何事就一定会畅通无阻。天地正是因为有节度才形成了一年四季，统治者用典章制度来节制，就能既不浪费资财，又不妨害民众。

《象传》说《泽卦》的卦象是兑下、坎上，兑为泽，为水，为泽上有水之象，故称为《节卦》。君子效法《节卦》的义理，制定典章制度和必要的礼仪法度，确立伦理道德的标准。

【原文】

初九：不出户庭，无咎。《象》曰：不出户庭，知通塞也。

九二：不出门庭，凶。《象》曰：不出门庭，凶。失时极也。

六三：不节若，则嗟若，无咎。《象》曰：不节之嗟，又谁咎也？

六四：安节，亨。《象》曰：安节之亨，承上道也。

九五：甘节，吉。往有尚。《象》曰：甘节之吉，居位中也。

上六：苦节，贞凶，悔亡。《象》曰：苦节，贞凶，其道穷也。

【译文】

初九：闭门私过，足不出户，可以消灾免祸。《象传》说：足不出户，说明知道该适时进退，能认清形势是通达还是受阻。

九二：足不出户，会有凶险。《象传》说：足不出户，会有凶险，是因为失去了适当的时机。

六三：不节俭就会贫困，贫困了才知悔过，如果能勤俭持家则可免灾。《象传》说：因为奢侈而使自己受穷，悔恨不已，这是谁的过错呢？

六四：因为勤俭持家、脚踏实地地生活，故而亨通。《象传》说：勤俭持家、踏踏实实的生活之所以亨通，是因为顺从常理。

九五：乐于过朴实的生活，是吉祥的。一定有贵人相助。《象传》说：乐于过朴实的生活之所以是吉祥的，是因为居位中正。

上六：以节俭守礼为苦，即使正确也凶险；以终于接受节制，悔恨就消失了。《象传》说：以节俭守礼为苦，卜问得凶兆，正如上六阴爻孤悬一卦之尽头，像人走入绝境。

# 中孚卦第六十一

䷼ 兑下　巽上

【易德精要】

中孚，意为诚信。《中孚卦》主要强调诚信的重要性。诚信，就是要童叟无欺，讲信用。诚信既是一种行为，更是一个人思想道德的体现。我国素有“精诚所至，金石为开”的俗语,《中孚卦》卦辞说，用豚鱼祭祀，虽然物薄但心诚，吉祥，与此俗语有异曲同工之妙，都讲了诚信的伟大力量。

【原文】

**中孚：豚鱼吉。利涉大川。利贞。**

**《彖》曰：中孚，柔在内而刚得中，说而巽，孚乃化邦也。“豚鱼吉”，信及豚鱼也。“利涉大川”，乘木舟虚也，中孚以“利贞”。乃应乎天也。**

**《象》曰：泽上有风，中孚。君子以议狱缓死。**

【译文】

《中孚卦》：用豚鱼做祭品，虽然祭礼微薄，但只要诚心祭祀，仍会获得吉祥。利于涉水过河。这是吉利的卜问。

《彖传》说：《中孚卦》，就是柔顺在内态度谦虚诚恳，刚健居外品格高尚，诚而有信；其品质是和悦而谦逊。可以教化全国人民。“豚鱼献祭尚且吉利”，是说只要诚心祭祀，即使用小鱼做祭物也会收获吉祥。“利于涉越大川大河”，是说怀着一颗诚挚的心去涉险渡难，就像乘木船渡河那样方便可行，自然平安畅达。具有一颗诚实的心利于坚守中正之道，这是因为顺应了自然规律。

《象传》说：《中孚卦》是兑下、巽上，兑为泽，巽为风。卦象表现为泽上有风，风吹动着泽水之表象。故称为《中孚卦》。君子应当效法“中孚”之象，以施行德教为主，广施信德，慎重处理各类刑事案件，不轻易修改法典。

【原文】

**初九：虞，吉。有它不燕。《象》曰：初九虞吉，志未变也。**

**九二：鸣鹤在阴，其子和之。我有好爵，吾与尔靡之。《象》曰：其子和之，中心愿也。**

**六三：得敌，或鼓，或罢；或泣，或歌。《象》曰：或鼓或罢，位不当也。**

**六四：月几望，马匹亡，无咎。《象》曰：马匹亡，绝类上也。**

**九五：有孚挛如，无咎。《象》曰：有孚挛如，位正当也。**

**上九：翰音登于天，贞凶。《象》曰：翰音登于天，何可长也？**

【译文】

初九：办丧事是吉祥的。如果有意外发生，就会不得安宁。《象传》说：《中孚卦》的第一爻位（初九）说行丧礼，可以获得吉祥，是因为一直恭敬地侍奉先人。

九二：鹤在树荫下鸣叫，小鹤在旁边应和。我有甘甜的美酒，愿与你一同分享。《象传》说：小鹤在旁边应和，说明它们表露了内心的意愿。

六三：击退了敌人，有的以鼓为令，乘胜追击，有的收兵庆功；有的喜极而泣，有的放声高歌。《象传》说：有的以鼓为令，乘胜追击，有的收兵庆功，但因为六三爻居位不正，胜利之中，恐有凶险。

六四：月中的时候，马忽然失踪了，但无大的灾祸。《象传》说：马匹丢了，今后要杜绝类似的事情发生。

九五：成群的俘虏，绑在一起，一眼望过去像连绵的山。没有灾祸。《象传》说：成群的俘虏，绑在一起，一眼望过去像连绵的山。没有灾祸，表明九五爻象居于正位。

上九：鸡飞上天，凶兆。《象传》说：鸡飞上天，它能飞多久呢？

# 小过卦第六十二

䷽ 艮下　震上

【易德精要】

小过，是指小的过失。可《小过卦》指的小过是说可以允许犯些小错误，但要控制好事态发展，把握好错与对的度。人在处理事情时往往会有不足，正所谓人无完人，人没有不犯错的。《小过》说过应有度，不应超过，否则会酿成大害；不能逞强，自以为是，徒劳一场尚不如埋头做好寻常小事；在日常生活中犯的错若符合人情则可以原谅，但是国家大事千万马虎不得。

【原文】

**小过：亨，利贞。可小事，不可大事。飞鸟遗之音，不宜上，宜下，大吉。**

**《彖》曰："小过，小者过而亨也。过以"利贞"，与时行也。柔得中，是以小事吉也。刚失位而不中，是以"不可大事"也。有"飞鸟"之象焉。"飞鸟遗之音，不宜上，宜下，大吉"，上逆而下顺也。**

**《象》曰：山上有雷，小过。君子以行过乎恭，丧过乎哀，用过乎俭。**

【译文】

《小过卦》：亨通，这是吉利的卜问。但只适于卜问小事，不适用于卜问大事。飞鸟留下悲鸣之音，告诫人们：不应该勉强自己向上飞，而应该停下来栖息，这么做就会大吉大利。

《彖传》说：《小过卦》，是指小的过错，关系不大，仍能亨通。犯点小错误，但有利人之心坚守中正之道，就能适时进退、畅行无阻。柔得中正之道，所以只适宜做小事。阳刚失去中正之位而不能守持中道，所以不利于涉足天下大事。此卦有飞鸟之象，“飞鸟留下悲鸣的声音，告诫人们：不应该勉强自己向上飞，而应该停下来栖息，这样做就会大吉大利”，是说向上钻营攀附，违背天理，埋头去干一些寻常小事则会平安顺达。

《象传》说：《小过卦》的卦象是艮下、震上，艮为山，震为雷，为山上响雷之象，雷声超过了寻常的雷鸣，故称为《小过卦》。君子应效法这一卦象，因而行事不要太谨慎，居丧不宜过度悲哀，吃穿用度不能太节俭，唯适中而已。

【原文】

初六：飞鸟以凶。《象》曰：飞鸟以凶，不可如何也。

六二：过其祖，遇其妣；不及其君，遇其臣。无咎。《象》曰：不及其君，臣不可过也。

九三：弗过，防之。从或戕之，凶。《象》曰：从或戕之，凶如何也。

九四：无咎，弗过，遇之。往厉，必戒。勿用永贞。《象》曰：弗过，遇之，位不当也。往厉，必戒，终不可长也。

六五：密云不雨，自我西郊。公弋，取彼在穴。《象》曰：密云不雨，已上也。

上六：弗遇，过之，飞鸟离之，凶，是谓灾眚。《象》曰：弗遇，过之，已亢也。

【译文】

初六：飞鸟勉强自己往高处飞将会出现凶险。《象传》说：飞鸟勉强自己往高处飞将会出现凶险，是无可奈何之事。

六二：错过他的祖父，遇到他的祖母；没有赶上国君，却遇着国君的辅臣，一定没有灾祸。《象传》说：不能擅自逾越君位，因为臣子是不能

超越国君的。

九三：不要过分指责，但也要及时制止他的错误，或是放任自流，那样只会害了他，必遭凶险。《象传》说：放任自流只会害了他，处境将会很危险啊！

九四：如果他没什么过错，一定不要对他妄加指责，但要防患于未然。如果他想去冒险，则必须马上对他提出警告，制止他那种行为，不用卜问以后的吉凶。《象传》说：不要过分指责，但要防止错误发生，因为九四爻以刚居柔位，位置不正。前去冒险，必须加以警告，因为明知故犯，过不多久就会遭到凶险。

六五：在我西郊的上空，乌云密布，大雨即降。王公本是去射鸟，却在洞穴中捉到野兽。《象传》说：乌云密布，大雨将至，是因为已经形成降雨云层。

上六：对错误未加制止，因而铸成大错，好比飞鸟钻入罗网，凶险，这叫做灾难。《象传》说：对错误未加制止，因而铸成大错，是说其人猖狂至极。

# 既济卦第六十三

䷾ 离下　坎上

【易德精要】

《既济卦》，离下坎上，水在火上。水与火相济、相克。水火相济，如烹饪，则为吉；水火相克，如失火，则为灾，所以要预防。《既济卦》就是要人居安思危，防患于未然。《彖传》说："终止则乱"，卦辞说"亨"，吉乱并提，深刻揭示了意识和事物发展之间的关系。先进的意识推动事物发展，只有正确认识事物，在安定中窥测出不稳定因素，防微杜渐，采取有效防护措施，才能确保事物顺利发展。

【原文】

**既济：亨。小利贞。初吉，终乱。**

《彖》曰：既济，“亨”，小者亨也。“利贞”，刚柔正而当位也。“初吉”，柔得中也。“终”止则“乱”，其道穷也。

《象》曰：水在火上，既济。君子以思患而豫防之。

【译文】

《既济卦》：亨通，卜问有小利。起初吉利，但最终会发生变故。

《彖传》说：《既济卦》，意思是小事亨通。“有利于坚守正道”，是因为无论刚柔皆居正位。“起初吉利”，说明弱者也能像强者一样居于中位不偏不倚。“最终会发生变故，”说明事物发展到了极限，便会走下坡路。

《象传》说：《既济卦》的卦象是离下、坎上，离为火，坎为水，为水在火上之表象。水上火下，水浇火熄，故称为《既济卦》。君子观此卦象，就该深谋远虑，事成之后，就要考虑将来可能出现的种种弊病，防患于未然，做好预防措施。

【原文】

初九：曳其轮，濡其尾，无咎。《象》曰：曳其轮，义无咎也。

六二：妇丧其茀，勿逐，七日得。《象》曰：七日得，以中道也。

九三：高宗伐鬼方，三年克之。小人勿用。《象》曰：三年克之，惫也。

六四：繻有衣袽，终日戒。《象》曰：终日戒，有所疑也。

九五：东邻杀牛，不如西邻之禴祭，实受其福。《象》曰：东邻杀牛，不如西邻之时也。实受其福，吉大来也。

上六：濡其首，厉。《象》曰：濡其首，厉，何可久也？

【译文】

初九：提着腰带过河，只打湿了衣服底襟，没有灾祸。《象传》说：提着腰带过河，理应没有灾祸。

六二：妇人丢了头巾，用不着刻意寻找，过不了七天就会物归原处。《象传》说：过不了七日就会物归原处，说明此时正处于中位，坚守正道，所以失物能失而复得。

九三：殷高宗武丁征伐地处西北的鬼方国，连征三年才获得胜利。筮遇此爻，不可重用小人。《象传》说：经过三年的连续战斗才攻克了鬼方国，说明战争非常激烈，人们已经精疲力尽了。

六四：渡河的时候，为了防止船漏水，事先要准备破布棉絮，而且始终要保持警惕，以防止发生灾祸。《象传》说：整天保持戒备，以防止灾祸的发生，说明此时心中疑惑重重。

九五：东边殷人杀牛宰羊来举行盛大祭礼，不如西边周人举行简单、朴素的祭祀，这样才能得到神的保佑。《象传》说：东边的殷人杀牛宰羊来举行盛大的祭礼，不如西边举行虔诚简单的祭祀。周人得到上天神灵降赐的福分，说明此时正当其位，吉祥福分将接踵而至。

上六：涉水过河时弄湿了头，有危险。《象传》说：涉水过河时弄湿了头，怎能待得长久呢？

# 未济卦第六十四

䷿　坎下　离上

【易德精要】

《未济卦》，坎下离上，火处水上，火势大于水势，救火不成。它与《既济卦》构成一个组卦。《既济卦》是成就了，成就了就要完结，但事物是变化发展的，变则通，变化发展无穷无尽，无休无止。因此《既济卦》后接《未济卦》，作为六十四卦的终结。《易经》作者认为新纪元的开始与旧时期的消失没有明显的界限，事物的发展需要新旧事物的斗争。

【原文】

**未济：亨。小狐汔济，濡其尾。无攸利。**

《彖》曰：未济“亨”，柔得中也。“小狐汔济”，未出中也。“濡其尾，无攸利”，不续终也。虽不当位，刚柔应也。

《象》曰：火在水上，未济。君子以慎辨物居方。

【译文】

《未济卦》：亨通。小狐狸眼看就渡过河了，却浸湿了尾巴。看来此行不利。

《彖传》说：《未济卦》，有亨通之象，因为柔弱者善于顺从并能居于中位，不偏不倚。“小狐狸眼看就渡过河了”，但还在水里，处在危险之中。“小狐狸的尾巴被河水浸湿了。所行不利”，说明虽然经过努力想促成此事，但如果不能持续下去，最终没有什么好结果。《未济卦》的全部爻位都不正当，但若能使刚柔相济，则还是能够成功的。

《象传》说：《未济卦》的卦象是坎下、离上，坎为水，离为火，为火在水上之表象，火在水上，水未能扑灭火，故称为《未济卦》。君子此时要辨别事物的本质，审视其方位。

【原文】

初六：濡其尾，吝。《象》曰：濡其尾，亦不知极也。

九二：曳其轮，贞吉。《象》曰：九二贞吉，中以行正也。

六三：未济，征凶，利涉大川。《象》曰：未济，征凶，位不当也。

九四：贞吉，悔亡。震用伐鬼方，三年，有赏于大国。《象》曰：贞吉，悔亡，志行也。

六五：贞吉，无悔。君子之光，有孚，吉。《象》曰：君子之光，其晖吉也。

上九：有孚于饮酒，无咎。濡其首。有孚，失是。《象》曰：饮酒濡者，亦不知节也。

【译文】

初六：小狐狸过河时尾巴被水浸湿了，会有麻烦。《象传》说：小狐狸过河时尾巴被水浸湿了，说明其不知道正确的渡河方法却急躁冒进，结果使自己身陷困境。

九二：提腰带过河。卜问得吉祥。《象传》说：九二爻辞讲之所以可获吉祥，是因为九二阳爻处于下卦中位，说明人行事遵循正道。

六三：渡不了河，出行有凶险。不利于涉水渡河。《象传》说：渡不了河，出行不利，说明此时所处的位置不当。

九四：占卜的结果很吉利。没有悔恨。出兵去征讨鬼方国，经过三年的激烈战斗终于取得胜利，得到殷国的奖赏。《象传》说：卜问吉祥，没有悔恨，说明自己的理想抱负得以实现。

六五：卜问吉祥，没有悔恨。君子获得殊荣，是因为打了胜仗，捕获了俘虏，吉利。《象传》说：君子获得殊荣，光明正大，自然吉利。

上九：因为捕获了俘虏而摆酒庆祝，没有什么灾祸。毫无节制，喝得烂醉，酒都洒在头发上了。虽捕获俘虏有功，也不该那样。《象传》说：毫无节制，喝得烂醉，酒都洒在头发上了，这是不知节制的结果。

孔 子